PART I

オルタナティブデータの基本と実際

第1章

オルタナティブデータの基礎知識

第1節　オルタナティブデータの基礎知識

I　オルタナティブデータ活用の背景

　昨今，「オルタナティブデータ」に注目が集まっている。

　「オルタナティブ」という言葉は資産運用業界では「オルタナティブ投資」という商品によって広く知られているため，「オルタナティブデータとはオルタナティブ投資のためのデータのことを指すのか」と聞かれることも多い。しかし「オルタナティブ」という言葉は「代替する」という意味であり，「オルタナティブ投資」は株や債券などの伝統的な金融商品"以外"のインフラ投資や未公開株などを指しているのと同様に，「オルタナティブデータ」とは伝統的な金融データ"以外"のデータのことを指す。

　つまり，オルタナティブデータとは，金融機関が投資判断にデータを活用する中で，従来から使われている金融向けの定型的なデータ（例として株式の注文情報や企業の財務情報などのトラディショナルデータ）以外の，非金融のデータや非定型のデータのことを言う（図表1-1-1）。

図表1-1-1　オルタナティブデータの定義

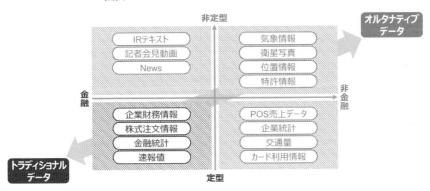

出所：当協議会作成

　多くの業界でAIの活用が叫ばれる中，インプットとしてのデータが差別化の大きな鍵となっている。それは資産運用業界においても同様であり，どんなに早い計算機や優れたAIモデルを活用したとしても，データ自体が他社と同じものを使っているだけでは，他社以上の利潤を得ることはできなくなってしまうからだ。他社が使っていないデータやユースケースによって，新しい価値を探し出すために，オルタナティブデータへの期待が高まっている。

　代表的なオルタナティブデータとして，POSから得られる商品別の売上データ，気象の実績と予測データ，衛星からの写真や計測データ，どの会社がどの分野の特許を持っているかのデータ，携帯やアプリの位置情報データ，SNSの分析データなどが挙げられるが，その他にもありとあらゆる情報がオルタナティブデータとしての可能性を秘めている。

　例えば，スーパーでの販売がメインの加工食品メーカーなどは，スーパーのPOSから得られるメーカー別の売上情報によって前年対比でどの程度の業績になるかを予測することが可能だ。また，製造業の業績においては，人流データから工場に滞留する人数の変化を調べ，設備の稼働率を予測して鉱工業指数の参考とすることができる。中国の企業の工場の車の出入りを衛星写真で分析し実際の出荷数がどの程度あるのかを調べることで，その企業の出荷数から業績

の予測を行うこともある。さらに衛星写真は原油の貯蔵タンクの写真を複数分析することで，原油の在庫がどのぐらいあるのかを知る手掛かりにもなる。

実際，世界中のタンカーの運行情報を見ることができるサイトも存在し，コロナ禍が始まった当初は原油タンカーが世界中の海であぶれている様子を誰でも見ることはできたため，流通していた原油の引き取り手が現れず，マイナスの価格をつけたこともある。

Ⅱ　なぜ今活用が進んでいるのか

このような期待は以前から存在していたが，特に今，オルタナティブデータが活用されるようになっている。その理由として以下のような点が考えられるだろう。

まずはクオンツ運用における差別化の限界が挙げられる。量子力学の考え方を金融に導入し，予測モデルを作って取引を自動化するクオンツ運用と呼ばれる手法はすでに一般化し，各社が同じようなモデルを構築して取引を行うようになったため，運用成績の差別化が難しくなってきている。

予測を行うためにはインプットするデータが必要だが，他社と同じデータを使った予測では，他社と同じ結果しかアウトプットすることができず，結果として同じ銘柄への大量の注文が発生してしまい，利潤を稼ぐこともできなくなる。他社と異なる予測を行うために，いかに新しいデータを探してきて予測モデルの作成に活かすかということが求められるようになった。

さらに，クオンツ運用だけでなくファンダメンタルやマクロ経済分析においても，新しいデータによって今までとは異なる切り口での予測が行われるようになっている。例えば，企業の中期経営計画の蓋然性を確認するため，中期経営計画で注力すると謳われていたジャンルの商品が，期待どおり売れているのかどうかをPOSデータから分析して確認する，といった活用もされている。こうした人が行う中長期の投資判断においてもオルタナティブデータを活用することが活発になっている。

特にコロナ禍やウクライナ戦争，大幅な円安など世界的にも市場の動向に大

きく影響を及ぼす事象が頻繁に起こっている中では，どんなに経験豊かな運用者でも適切なデータを入手しなければ経験と勘では対応できない時代になっている。

また，昨今のテクノロジーの進展により，クラウドコンピューティングによって大量のデータを高速に分析する環境が整ってきたことや，AIや機械学習技術の高度化によって，今まで定量的に分析することが難しかった文章や画像を解析することが容易になったことも，大きな要因として挙げられる。例えば気象予測のデータであればより細かいメッシュで長期の予測が可能になり，POSデータと組み合わせて食品やアパレルなどの季節商品の売上を今まで以上の精度で予測することが可能になった。

2023年10月には，政府から「資産運用立国実現プラン」が発表され，金融庁のホームページでは大手金融機関グループ等の運用力向上の取組みが紹介されている。資産運用会社における運用力の向上のためには，運用商品の多様化やEMPの発掘などさまざまな手段が考えられるが，特にクオンツ運用においては，他社が使っていないデータと金融商品の動向の関連性を見つけ，新しいユースケースを探していくことが重要になると考えられている。

このような，オルタナティブデータの活用は世界中で進んでいる。公益財団法人国際通貨研究所の調べによると，世界におけるオルタナティブデータの市場規模は約7000億円を超えていると推計されている（**図表 1 - 1 - 2**）。

図表1-1-2　オルタナティブデータの市場規模

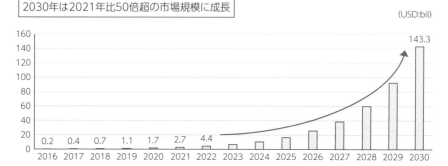

（資料）各種資料より国際通貨研究所作成
（注）2016～2020年の数値はAltanative data org、2021年以降はGRAND VIEW RESEARCHの試算を引用
出所：公益財団法人国際通貨研究所「海外の金融機関等のオルタナティブデータ活用状況とインプリケーション」

東海林 正賢（Jazzy Business Consulting株式会社　代表取締役）

第2節　海外アセットオーナーはオルタナティブデータをどのように利用しているのか

I　海外アセットオーナーの先進的な事例を今学ぶ意味合い

　前節までに見てきたとおり，投資判断の拠りどころとなる「情報源の多様化の流れ」としてオルタナティブデータの活用が広がっている。残念ながら国内のアセットオーナーでオルタナティブデータを積極的に活用している事例はまだ乏しい一方で，海外アセットオーナーについては，先進的な事例が具体化しはじめている。

　筆者が代表を務める株式会社ナウキャストでは，オルタナティブデータの専業ベンダーとして2015年から海外金融機関や他のオルタナティブデータベン

ダーとの対話を続けてきた。そこで本節では，その活動を通じて得た海外アセットオーナーのオルタナティブデータの活用動向を紹介する。

Ⅱ　オルタナティブデータの活用者の担い手とアセットオーナーの位置づけ
1　オルタナティブデータの普及過程

　オルタナティブデータの活用が広がっている，と述べたものの，海外においてもアセットオーナーが主導しているわけではない。図表1-2-1は，オルタナティブデータの業界の中でも最もよく参照されている業界サイト，AlternativeData.orgの記事で紹介されているオルタナティブデータの一般的な普及過程である。

図表1-2-1　オルタナティブデータの普及過程

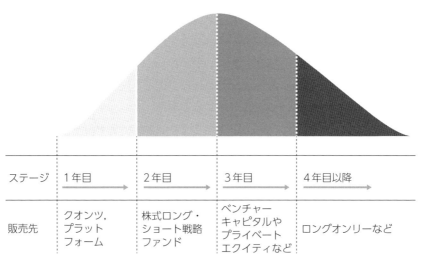

出所："The Ultimate Guide to Selling Data to Hedge Funds" August 16, 2017
　　（https://alternativedata.org/the-ultimate-guide-to-selling-data-to-hedge-funds/）を元に筆者作成

2　投資家のタイプによる普及過程の違い

　ソブリン・ウェルス・ファンド（SWF）などのアセットオーナー含めたロングオンリーの投資家はむしろ普及過程の最終盤に登場するのに対し，データ活用の担い手として真っ先に上がるのはクオンツや株式ロング・ショートなどのいわゆる「短期筋」「ヘッジファンド」と呼ばれる投資家である。

　これは，オルタナティブデータの最大の特徴が速報性にあることに起因していると言えるだろう。例えば「まん延防止法適用初日の渋谷の駅前の人出は携帯電話の位置情報によると○○％減少し……」といったテレビ報道や，「緊急事態宣言解除後，クレジットカードデータによると，主に旅行関係の回復が著しく……」といった新聞記事をご覧になったこともあるのではないだろうか。

　これらのデータは概して経済イベントがあった当日〜２週間といった非常に短いタイムラグで提供されており，経済報道のみならず，景気や企業決算の急変をいち早く察知して投資判断を行うヘッジファンドはこうしたデータを重宝し，パフォーマンスにつなげてきた。

　長期の負債を持つアセットオーナーにとって，こうした短期的なファンダメンタルズの変化は，オルタナティブ資産への投資の文脈で短期的なパフォーマンスを志向するヘッジファンドに対する資金の出し手として関与する可能性はもちろんあるものの，自身がオルタナティブデータを活用することとは関与の仕方が異なる。

　しかし，現実としてオルタナティブデータを活用するアセットオーナーが海外に出現してきていることも事実である。では，彼らはどのようにしてオルタナティブデータを活用しているのだろうか。

Ⅲ　海外アセットオーナーによるオルタナティブデータ活用の事例

1　海外の活用事例

　前述したとおり，一部の海外アセットオーナーからは，すでにオルタナティブデータを活用していることを示す事例が公表されている。例えば，カナダの年金基金であるCPPIBはFinancial Post誌の2019年３月のインタビューで，オ

ルタナティブデータの積極的な活用と専門のチームの組成を紹介している（自らのHP上で同チームの取組みも開示）。

あるいはオランダの公的年金であるAPGは，オルタナティブデータ分析ツールを提供するExabelと2021年11月に協業し，オルタナティブデータの収集プロセスを高度化することを発表している。

また，シンガポールの公的年金基金であるGICは，2017年に資産運用におけるイノベーションを推進するKepler Holdingsを子会社として設立し，機械学習やオルタナティブデータの活用をミッションの1つとしている。

2 何のためにオルタナティブデータを活用するのか

これらのアセットオーナーはどのような文脈でオルタナティブデータを活用しているのだろうか。2019年に公表されたスタンフォード大学とオランダ年金基金APGの論文「Rethinking Alternative Data in Institutional Investment」(2019) に，そのヒントがある。

本論文ではオルタナティブデータの金融市場における役割の拡大とメインストリーム化，中でもヘッジファンドに偏ってきたことを指摘した上で，今後活用が見込まれる公的年金基金や大学基金，SWF等のアセットオーナーにとってのバリューはヘッジファンドが求めるような「アルファの追求」ではないとしている。

そして，具体的な活用領域をリスクマネジメントにあるとした上で，リスクイベント分析の精緻化や，不動産やベンチャーキャピタルなどのいわゆるオルタナティブアセットのデューデリジェンスのプロセスでの活用を具体例として挙げている。

翻ると，年金基金の運用パフォーマンスの多くの部分は2007～08年度のリーマンショック時や2020年の新型コロナの発生後の相場急変動によってもたらされている。

また，足もとでは不動産やベンチャーキャピタルなどのオルタナティブアセットへの投資も年金基金の業界全体として増加の一途をたどっているが，こ

うした中で，リスクマネジメントの高度化に対する要請が高まっており，その1つの手段としてオルタナティブデータの活用を推進している，というのが海外アセットオーナーの現状なのではないかと（私見ではあるが）考えられる。

なお，現状のオルタナティブデータ活用の先駆者として上に名前を挙げた海外のアセットオーナーが，積極的にインハウス運用の体制を構築していることは興味深い事実と言える。一般的に，インハウス運用のメリットとして，外部委託手数料の削減のほかに，運用効率，運用能力の向上，デメリットとしては運用体制の整備に関わるコストなどが挙げられるが，まさにその具体的な事例がオルタナティブデータの活用ということなのかもしれない。

オルタナティブデータの活用はコストがかかる一方で，適切に活用すれば運用能力向上というポジティブ・フィードバックを生むことが可能になるだろう。

Ⅳ　国内アセットオーナーへのインプリケーション

こうした海外アセットオーナーの動きと比較した場合，国内アセットオーナーの事例は乏しいのが実態である。GPIFの「2020年度 ESG活動報告書」の気候変動リスク・機会の評価と分析において，オルタナティブデータプロバイダーのアスタミューゼ社が分析支援を行ったことが紹介されてはいるものの，まだ業界全体として活用が広がっていない状況である。

この点，今後国内アセットオーナーはどのような形でオルタナティブデータ活用を進めていけばよいのか。次節では，海外の事例からそのアプローチ方法について可能性と課題を整理する。

辻中 仁士（株式会社ナウキャスト　代表取締役 CEO）

第1章 オルタナティブデータの基礎知識 11

第3節 運用機能の有無でアセットオーナーのデータ活用は どう変わるか

Ⅰ 海外事例からみるアセットオーナーのオルタナティブデータ活用の類型

前節で述べたとおり，オルタナティブデータの活用は海外アセットオーナーにおいて加速していると言ってもよい状況である。では，どのような活用方法を考えていけばよいだろうか。

結論としては，その方向性はインハウス運用機能の有無によって大きく異なるものになる。本節ではそれぞれのパターンを見ていくこととする。

Ⅱ インハウス運用を行うアセットオーナーのデータ活用
1 オルタナティブデータは短期投資にはそぐわない

インハウス運用をしているならば，そのオルタナティブデータの活用方法は長期投資家（いわゆるロングオンリー）のものとかなり類似する。

長期投資家が必要とするのは短期的な経済指標，企業収益の動向ではなく，長期的なトレンド変化に関する情報，個別企業であったとしても四半期決算の動向ではなく，長期的な成長性に関しての分析だからである。アセットオーナーは長期の負債を持つ観点から，オルタナティブデータの最大の特徴点である速報性とそれを活かした短期的な投資にはそぐわない。

しかし，オルタナティブデータは一般に伝統的な情報ソース（Traditional data）に対して「異なるカバレッジ」「高い粒度」を持つという特徴を有している。こうした特徴は，長期投資への活用という観点からも有用であると考えられるため，わが国においてもインハウス運用も併せて行っている一部の年金基金や保険会社で注目が高まっている（図表1-3-1）。

図表1-3-1　投資家のタイプとデータへの向き合い方

	クオンツ	短期分散投資	長期集中投資
購買データ数	実験的なデータも含めて幅広いデータを利活用	実績のあるデータについては，基本的に購入	5〜30銘柄に絞って購買
データの粒度	できるだけ細かいデータ	集計データ	統計加工されたデータレポート購読
データ活用における焦点	速報性とユニークな分析	速報性	長期的な企業競争力に対するインプリケーション
データサイエンティストの有無	ほとんどのメンバーがデータサイエンティスト，エンジニア	一部ファンドにはデータサイエンティストが在籍	基本的にはアナリストで構成
その他	データ購買担当者の専任担当者まで在籍している	決算プレイとの相性が非常によく，近年最もデータ活用を進めているセグメント	エキスパートインタビューやフォーカスグループ等，オルタナティブデータ以外にも特徴あるリサーチ方法を模索する動きも

出所：ナウキャストにて作成

2　オルタナティブデータが捉えたコロナ禍のデジタルシフト

　実際に，筆者が代表を務めるナウキャストにおいても，そうした例が徐々に出てきている。例えば，コロナ禍が始まった2020年前半，消費者の巣ごもりとデジタルシフトが急速に進んだことによって，株式市場においては関連銘柄が伸び，グロース株優位の展開が続いた。しかし，残念ながら，そうした「巣ごもり」的な動きやデジタルシフトを早い段階で捉えることは，既存の情報ソースでは難しい。人の行動に直接関与するデータは経済統計や企業決算には表れないし，新興企業や外資系の企業が主な担い手となっているデジタル関連市場は業界統計や公的統計が未整備であることがほとんどだからである。

　この点，例えば，携帯電話の位置情報やクレジットカードデータのようなオルタナティブデータは，そうした既存の情報ソースならではの制約から離れ，高粒度かつ新興業態も含めたカバレッジの情報を提供可能である。

　図表1-3-2は，ナウキャストの創業者・技術顧問で，東京大学経済学部の

渡辺努教授と，国立情報学研究所の水野研究室（水野貴之准教授）と協力し，コロナ禍以降に東京都内の人々がいかに巣ごもり的な行動をしているのか，それに伴って外出行動と相関が高いサービス消費がいかに落ち込んでいるのかを示した例である。この分析では人の行動を携帯電話の位置情報で，サービス消費をクレジットカードデータでそれぞれ捉え，指標化している。

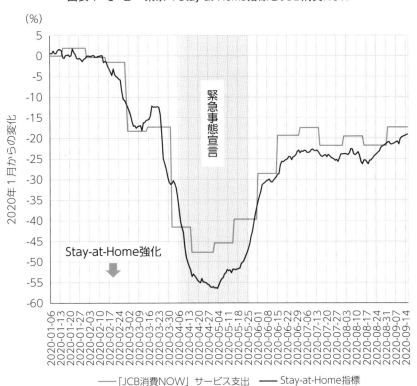

図表1-3-2　東京のStay-at-Home指標とJCB消費NOW

出所：国立情報学研究所・総合研究大学院大学 水野研究室（http://research.nii.ac.jp/~mizuno/）の「COVID-19特設サイト：外出の自粛率の見える化」，ナウキャスト/JCB「JCB消費NOW」

図表1-3-3 感染拡大前(2020年1月後半)から2020年3月前半の各業態の支出の変化

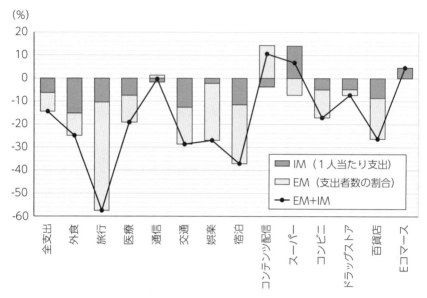

出所:渡辺努「クレジットカード支出金額の「1人当たり支出金額」と「支出者数」への分解」(2020年3月29日)

　また,図表1-3-3は,同じく渡辺教授の協力を得て,クレジットカードデータを指標化したものである。この分析は2020年3月29日に公表したものであるが,初めての緊急事態宣言(2020年4~5月)に入る前から,新型コロナウイルスの感染拡大を契機として消費者が外出関連消費を抑える一方で,ECやコンテンツ配信などのデジタル消費を増やしていることを明確に示しており,大きな反響が寄せられたものである。

3　インハウス運用におけるオルタナティブデータの活用可能性

　近年増加が続く不動産やプライベートエクイティへのアセットオーナーの投資においては,より一層,伝統的な情報源がないケースが多く見受けられる。例えば,不動産の領域においては物件や商圏ごとにその特性が大きく異なり,

近年では比較的安全性が高いと言われていた首都圏のオフィスビル投資でも，テレワークの普及に伴い，出社率の低下とそれに伴う減床・退去リスクと向き合う必要が出てきている。しかし，こうしたリスクを定量的に把握することは，既存の情報源では非常に難しいと言わざるを得ない。この点，携帯電話の位置情報により，オフィスの出社率を定量化する取組みが行われている。

インハウス運用を行うアセットオーナーにおいては，自身の資産ポートフォリオごとに「現状のデータでは見えていないリスク」が何であるか，またそれをオルタナティブデータにより定量的に捕捉できないかを検討することが重要になってくるだろう。

Ⅲ 外部委託型のアセットオーナーはオルタナティブデータと無縁か

実際には，わが国においては年金基金のほとんどがインハウス運用を行っていないことが知られている。少し古いデータにはなるが，2016年1月12日の厚生労働省年金部会のヒアリング資料では，直近年度のインハウス運用のシェアの概算として，前回の記事で取り上げたGIC（シンガポール）やAPG（オランダ），CPPIB（カナダ）がそれぞれ運用資産全体の80〜90％を自家運用している一方で，GPIFの同比率が28％にとどまることを指摘している。

今後，国内アセットオーナーがオルタナティブデータの活用に対していかに向き合っていくかについては，こうしたインハウス運用と外部委託のミックスをどのように考えていくのか，その方針とも密接に関わってくると考えられるが，結論としては，インハウス運用機能がないアセットオーナーも，オルタナティブデータの活用と縁がないわけではない。

例えばESG投資では，アセットオーナー自身がESGに準拠した投資を実践するというよりは，アセットマネジャーに投資を委託し，その委託先の選定基準や委託後のチェックにおいて，ESGスクリーニングの実施有無等を確認することで間接的ではあるものの，ESG投資の普及に大きな役割を果たしている。

同様に，今後投資パフォーマンスに直結するオルタナティブデータの活用についても，委託先選定における基準とすることも1つの考え方だろう。

実際に，世界最大のアセットマネジメント会社であるブラックロックは，オルタナティブデータがコロナ禍に活躍していたことをホワイトペーパーで発表している。同ペーパーによれば，2020年1〜6月における同社の運用成績に基づくと，オルタナティブデータを活用したシグナルのインフォメーションレシオの平均値は1以上となり，伝統的な株価，財務データを活用したシグナルの値が0.2にとどまることと比較して明確な優位性があるとしている（図表1-3-4）。

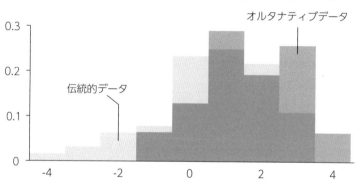

図表1-3-4　インフォメーションレシオの分布（2020年6月）

出所：BlackRock "Alpha Innovation via Alternative Data"（2021）（https://www.blackrock.com/us/individual/literature/whitepaper/alpha-innovation-via-alternative-data.pdf）に筆者補足

また，欧州を拠点とするオルタナティブデータプラットフォーム会社のEagleAlpha社が，ファンドの資金フロー情報を扱うEPFR社と2021年に実施した調査では，過去5年間で，オルタナティブデータ活用に先進的なアセットマネジャーは，業界全体の平均の2倍以上のスピードで預かり資産を増やしていることを示しており，グローバルでデータ活用に積極的な運用者に資金が集まる流れがあることがわかる。

以上，前節から見てきたとおり，海外市場ではアセットオーナーが間接・直接問わず，さまざまな形でオルタナティブデータを活用している。国内アセッ

トオーナーにおいても今後活用が加速する可能性を感じさせるものである。

辻中 仁士（株式会社ナウキャスト　代表取締役 CEO）

第4節　生成AIによるオルタナティブデータの分析の可能性

　さまざまな分析手法が理論的に確立されている企業の財務データと比較し，オルタナティブデータはデータ種別の多様性が高いため，1つひとつの研究が進んでおらず，活用が難しい側面がある。しかし，近年の生成AIの登場により，このオルタナティブデータの活用が広がる可能性が見えている。本節ではその可能性について説明する。

I　従来手法との比較

　オルタナティブデータには，ウェブサイトの閲覧データ，SNSの投稿データ，衛星画像データ，IoTデバイスのデータなど，多岐にわたるものがある。これらのデータは従来の財務データと比べ，非構造化データであり，分析が難しいという特徴がある。その中でもテキストを扱うニュースデータやSNSの投稿データに対しての分析は，極めて高い難易度を誇る。

　その実例として，ニュースデータからポジティブ・ネガティブのスコアを計算するようなセンチメント分析を行うケースを検討する。人間が投稿や記事を読んでセンチメントを判断するのは，それほど難しい作業ではないので，上記の従来の機械学習手法でも実現可能な問題設定に見える。

　従来手法ではこのようなタスクを行う場合，単語の頻度ベースで解析を行う手法（LSAやLDAなど）と，単語の分散表現ベースで解析を行う手法（Word 2 VecやElmoなど）などが利用されてきた。簡単に各手法の特徴を図表1-4 -1で説明するが，LSA/LDAは扱いが簡便な反面，利用用途が限定的となり，Word 2 VecやElmoは強力な手法ですが，チューニングに専門家の助けが必要となる。

18   PART I   オルタナティブデータの基本と実際

図表 1 - 4 - 1   自然言語処理の代表的手法

モデル・手法	説明
LSA Latent Semantic Analysis	ベクトル空間モデルを利用した自然言語処理の技法の1つで，文書群とそこに含まれる用語群について，それらに関連した概念の集合を生成することで，その関係を分析する。
LDA Latent Dirichlet Allocation	文章中の潜在的なトピックを推定し，文章分類や，文章ベクトルの次元削減等に用いられる技術。推定したトピックから特定のセンチメントに割り振る処理が可能。
Word2Vec	中心単語から周辺単語を予測し，前後単語との関係性を用いて分散表現を構築する手法。生成AIができるまでWord2Vecとその周辺技術は極めて強力な分析手法で，さまざまなテキスト解析に利用されてきた。
Elmo	RNNベースの言語モデルであるbiLMを用いて，文脈を反映する分散表現を構築します。その活用にはRNN特有の扱いの難しさがあり，チューニングには専門的な知識が必要だった。

出所：筆者作成

　自然言語処理の手法を用いてコンピューター上でこの判断を自動化するのは簡単ではない。出現頻度などを利用した単語レベルの感情分析は可能だが，文脈や含意を理解して記事全体のトーンを把握するのは困難だった。結果として，人間の感覚とはズレた分析結果しか得られないことが多く，センチメントスコアの算出のような作業さえ，博士レベルの専門家が複数人で取り組むようなノウハウの塊のタスクだった。

Ⅱ　生成AIのポテンシャル

　しかし，近年の生成AIの登場によって，この状況は大きく変わりつつある。生成AIは，入力された情報から文章や画像，音声を自動で生成することができる。特に，言語モデルの分野では目覚ましい進歩を遂げており，人間の自然言語を高度に理解し，人間に近い文章を生成することが可能になってきている。
　生成AIがなぜ高度なテキスト理解を可能にしているのか，その背景にはTransformerアーキテクチャと大規模言語モデルの登場がある。Transformerは2017年にGoogle研究チームが発表した，自然言語処理のためのニューラル

ネットワークアーキテクチャだ。それまでの自然言語処理ではRNNが主流だったが，RNNは長い文脈を捉えることが苦手という課題があった。

　Transformerは「Attention（注意機構）」と呼ばれる仕組みを導入することで，長い文脈でも高い精度で言語を理解できるようになった。また，Transformerの登場と並行して，大規模な言語モデルの開発が進んだ。言語モデルとは，大量のテキストデータから言語の確率的な法則を学習するAIモデルのことで，ChatGPTに代表される大規模言語モデルは，数百億から千億を超えるパラメータを持ち，インターネット上の膨大なテキストから言語の法則を学習している。この，Transformerアーキテクチャによる長距離の文脈理解と，大規模言語モデルによる膨大な言語知識の獲得。この2つの技術的ブレイクスルーにより，生成AIは人間に匹敵する高度なテキスト理解が可能となった。

　生成AIの技術を活用すれば，オルタナティブデータの分析が格段に容易になる可能性がある。例えば先ほどのニュースデータの例では，生成AIを用いて記事の内容を要約し，感情的なトーンを把握することができる。生成AIはいわゆる人間社会におけるルール，規則，約束事を学習しているため，従来の自然言語処理では難しかった文脈の理解や，含意の把握が可能である。実際にChatGTPのAPIを用いて，上記のようなセンチメンタル分析を100個程度のニュースに行うことはPythonのかけるエンジニアであれば，専門家ではなくても2時間程度の作業となる。また，その指示も日本語で記載することができるため，目的別にモデルの挙動を変える職人芸のようなモデルのチューニング作業も不要だ。

　これまで，実現が難しいと考えられていた，大量の知識やルールの学習が必要と思われていた我々が「常識」と考えることを学んでいることは大きくその用途を広げる可能性を秘めている。特に「常識」が必要なテキスト解析はその恩恵が大きいことは自明だが，他にも大量のアクセスログからユーザーのプロファイルを分析するような仮説構築の用途で，アクセスログの分析基盤と生成AIを組み合わせてユーザープロファイルの解析や仮説作成を可能とするような実例がGoogleや各種カスタマー・データ・プラットフォーム（CDP）から

出てきている。アクセスログやECサイトの購買データのような大量のデータから仮説を抽出する能力はこれまで分析を行った上で，データサイエンティスト自身が構築していたが，仮説までを生成AIが提示可能となったことで，データサイエンティストの仕事が仮説の取捨選択や仮説の実行の重要度をつけることになりつつある。このような機能は今後，大量のデータを扱うさまざまなプラットフォームに搭載され，さまざまな用途で活用されていくと思われる。

Ⅲ　課題と展望

　ここまでは生成AIのポテンシャルを説明したが，オルタナティブデータの分析の活用において，複数の課題も見えている。筆者も自分のプロジェクトに利用してみて，具体的に図表1-4-2のような課題を実感してる。ここでは現時点で筆者が実際のプロジェクトで行った対処法もまとめる。

図表1-4-2　生成AIの課題と対処例

課題	現時点で筆者が行った対処法
出力の再現性が取りづらく，再現実験や検証実験が行いづらい	この問題は特に運用におけるバックテストのような再現性が必要な課題で大きな課題となる。再現性を取りたい場合は，一度に生成AIに依頼するタスクのサイズを減らし，問題の複雑度を下げることが重要だった。
ハルシネーションという，生成AIが嘘をいう有名な現象が発生する	ハルシネーションを回避するノウハウは蓄積されつつあるが，それでも発生する可能性は常に残るため，ハルシネーションが起きても最悪問題がない用途に利用する。例えば，人事評価や採用など，人生を左右するような用途では生成AIを利用するべきではなく，その利用用途でまずはリスクをコントロールするべきである。
プログラムにおけるユニットテストのような品質管理技術が確立されていないため，テストケースを書くことが難しい	現時点ではお客様に提示する文章の生成のような厳密な品質保証では，まず他の生成AIによるダブルチェックを行い，その後，人間がマニュアルでチェックするプロセスを行っている。

出所：筆者作成

また，生成AIのAPIの活用には，プライバシーの懸念も存在する。生成AIを用いる際には，こうした課題にも十分に配慮する必要があるが，幸いにもChatGPT APIは送られたデータを学習に利用しないことを約束しているし，Azureなどのエンタープライズレベルのクラウドを利用することで問題の解決が可能となっている。このような課題は生成AIのAPIを提供する各社がすでに認識済みで，その解決方法の研究が凄まじいスピードで進んでいる。

　上記のような，複数の課題があるにせよ生成AIは，従来困難だったオルタナティブデータの高度な分析を可能にする，画期的な技術だと言える。また，現時点でも対処方法が見えつつある。

　今後さらなる進化を遂げ，さまざまな業界や分野で活用されていくことが期待される。オルタナティブデータの可能性を最大限引き出すため，生成AIの活用は重要な鍵となるだろう。

北山 朝也（AlpacaTech株式会社　ソリューション事業部　部長）

22　PART I　オルタナティブデータの基本と実際

第2章

オルタナティブデータ活用の実際

第1節　ESG投資とオルタナティブデータの接点【1】

I　機運がますます高まるESG投資

　ESGは環境（Environment）・社会（Social）・ガバナンス（Governance）の頭文字をとった言葉で，従来からの投資判断で使われてきた財務情報に加え，これらの非財務的な要素も考慮した投資がESG投資と呼ばれている。2006年に国連が世界の大手機関投資家に呼びかけ発足したPRI（国連責任投資原則：Principles for Responsible Investment）は，その責任投資原則の中で，投資分析と意思決定のプロセスに ESG の要素を組み込むことを掲げており，日本では2015年にGPIF（年金積立金管理運用独立行政法人）がPRIに署名したことをきっかけに，ESG投資への注目が高まり始めた。

II　複雑なVUCA時代に企業価値をあげるために必要な長期視点

　ESGの要因・要素は，図表2-1-1に例を示したように，気候変動への対応，労働条件，多様性，コンプライアンスの遵守など多岐にわたる。従来のステークホルダーに加え，地球環境や将来世代までもが企業のステークホルダーである今，ESGを組み込んだ長期的・多角的な視点での事業活動が今後の企業価値を左右すると言っても過言ではない。ESGの視点から分析・評価をすることで，投資先の事業リスクと事業機会を立体的に捉えられるため，特に先の読めないVUCA時代といわれる現代においては，リスクの低減や回避，中長期的な成長

第2章　オルタナティブデータ活用の実際　23

図表2-1-1　ESGの要因・要素の例

環境 Environment	社会 Society	ガバナンス Governance
・気候変動への対応 ・温室効果ガスの排出量削減の取組み ・水を含む資源の枯渇への対応 ・廃棄物および汚染への対応 　　　　　　　　　　など	・人権への配慮 ・労働条件・労働環境の改善 ・児童労働に加担していないこと ・地域コミュニティとのかかわり ・健康および安全 ・従業員との連携 ・多様性，ジェンダー平等 　　　　　　　　　　など	・コンプライアンスの遵守 ・透明性の高い情報開示 ・社外取締役の設置 ・取締役会，理事会の多様性および構成 ・税務戦略 　　　　　　　　　　など

出所：著者作成

を予測することに貢献するとも考えられるのだ。

Ⅲ　伝統的データの限界

　従来の投資家は，主に企業の財務情報を参考に投資先を選定することが一般的であった。過去の財務実績を分析し，業績を予想できるのはせいぜい数年先までといったところで，企業側は投資家の評価を得るために，短期的な財務利益を追求せざるを得なくなる。その結果，従業員の長時間労働や製品の大量生産・大量廃棄など負の影響を生み出していることが顕在化し，企業への批判につながることで，結果的に業績や株価に悪影響を及ぼした事例も散見されている。

　また逆に，環境問題にコミットする企業姿勢や製品群が好ましく評価され，業績や株価に底堅い好影響をもたらす事例もある。しかし，投資家が企業のそういった環境・社会・ガバナンス上のリスクや機会を見抜いた上で投資判断をしたくても，財務諸表だけではその実態を読み取ることは困難だ。このような経緯もあり，非財務情報の重要性が増加しており，財務情報に重心のある伝統的データだけでは，長期視点の投資判断や企業経営が求められる新しい時代に対応できなくなっている。

Ⅳ　オルタナティブデータの可能性

　社会的な側面では，企業が安価な労働力を追い求め，劣悪な環境での労働や児童労働を行ったことが発覚し，不買運動につながったメーカーのケースや，製品に付加価値を付けようとするあまり，食品の産地偽造や原材料の不正表記を行った企業の信頼性が低下した例などがある。ESGの社会的要素に結びつく問題は，消費者や世間といった幅広いステークホルダーからの信頼・評価を一瞬で失う可能性を孕んでいる。そして企業の信頼回復にはコストと時間がかかる。このようなリスクを孕む投資先であるかどうかを読み解き，投資リスクを低減・回避するために，例えば従業員の労働状況や，原料のトレース状況などのオルタナティブデータが活躍すると考えられている。

　環境面では，世界が低炭素社会へ移行しつつあるなか，近年は，温室効果ガス排出に関する規制や課税が強化される傾向にある。IoTによるモニタリング等を通したオルタナティブデータから，積極的な気候変動リスクへの対応・取組みが見える企業は，将来的な規制に先回りして対応できる可能性が高いなど，投資先の将来性を見極める際に役立つ可能性がある。

　このようにESGの視点は，財務情報だけでは見えてこなかった投資先の潜在的なリスク要因の予測や，将来的な事業機会につながる企業活動を行っているかどうかを見極める判断材料となりえ，ESG時代に柔軟に対応するためにもオルタナティブデータの活用が今後の鍵となっていく。

Ⅴ　ESG投資で活用できるオルタナティブデータ例

　しかし，企業がESGの各分野に資金や人などのリソースを分配することが，本当に長期的な成長にインパクトをもたらすかどうかは，企業側が情報発信する統合報告書の内容やインタビューだけでは判断することが困難である。それを補うために，企業の外部に存在するオルタナティブデータが役立つと考えられる。オルタナティブデータによって，業界の動向や市場のトレンドを定量的に把握できれば，投資判断が適切かどうかを検証する助けになるだろう。

　では，実際にどんなオルタナティブデータをESG投資の分野で活用すること

ができるだろうか。例えば，E（環境）関連のオルタナティブデータとして，特許庁のデータベースを活用することが考えられる。具体的には，データベース上にある「気候変動に対応する関連技術の特許出願数・取得数の推移」を収集・分析することによって，投資先企業が気候変動問題におけるトランジションを市場機会としてどれだけ真剣に捉えているのか，また，適切なリソースが投入されているかどうかを，定量的に俯瞰することができるようになるだろう。

　このように，オルタナティブデータの活用で業界・分野の動向，技術の傾向やトレンド，企業や商品の評判，消費者の意識変化など，多くのことがクリアに見えるようになってくる。また，オルタナティブデータは投資家と企業のコミュニケーションを改善するための認識のすり合わせにも活用できると考えられる。

Ⅵ　すべての投資がESG化していく

　持続可能な社会の実現が目指されるなか，新たな産業の創出や社会構造の転換を促す動きが加速している。それには民間資金の投入が不可欠であり，ESG投資（サステナブル投資）の存在感は日に日に大きくなっており，グローバル市場ではすでにメインストリームとなりつつあるサステナブル投資に日本も追いつこうとする流れがある。特に，日本での2023年のサステナブル投資残高は537兆円と，56兆円であった2016年に比べて約10倍にも増加している。（図表2－1－2）。また，2022年4月には東京証券取引所の市場区分が再編され，上場企業を中心に非財務情報の開示が本格化。さらには，多くの国際フレームワークの準拠等，日本企業にもグローバルルールが適用され始めており，サステナブル投資の機運が高まっている。今後もあらゆる非財務情報の開示，さらには財務・非財務の相関分析を始めとするESG経営における先進的な取り組みが求められるなか，オルタナティブデータの重要性は高まっていくだろう。

26　PART I　オルタナティブデータの基本と実際

図表2-1-2　地域別サステナブル投資の運用残高推移

総運用資産残高に対するサステナブル投資資産の比率

	2014	2016	2018	2020	2022
欧州	59%	53%	49%	42%	38%
米国	18%	22%	26%	33%	13%
加	31%	38%	51%	62%	47%
豪&NZ	17%	51%	63%	38%	43%
日本		3%	18%	24%	34%

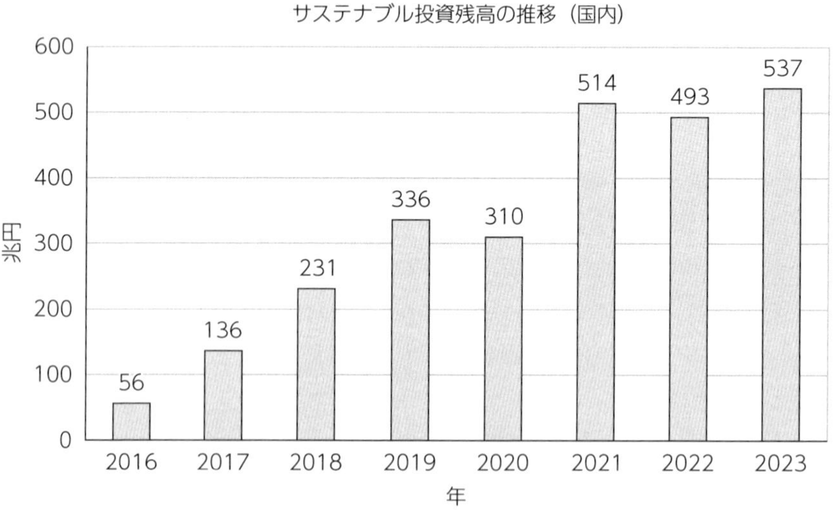

サステナブル投資残高の推移（国内）

出所：NPO法人日本サステナブル投資フォーラム発行「サステナブル投資残高調査2023」より著者作成

　そして，投資家をはじめとする金融セクターには，サステナブルな経済社会への移行を先導・誘導する役割も期待されている。企業の行動を促すことによって中長期的な価値の向上を図るためには，投資家からの提案がESG要素を考慮した適切なものでなくてははならない。

　現在，世界が短期的な財務利益追求型から，次世代の未来を見据えた中長期的な社会価値追求型の社会へと変化しつつあり，SX（サステナビリティ・ト

ランスフォーメーション）が加速している。人類はまさにこのパラダイムシフトの渦中にいることを踏まえると，今後すべての投資がESG化していく可能性も考えられる。伝統的データに加えて，有効なオルタナティブデータを組み合わせたり，比較したりして多面的な分析を行うことは，これからの投資判断の補助線としてますます欠かせないものになっていくだろう。

平瀬 錬司（サステナブル・ラボ株式会社　代表取締役 CEO）

第2節　ESG投資とオルタナティブデータの接点【2】

Ⅰ　ESGデータとは

　ESGという言葉を，毎日のように目にするようになってから，もはや数年経っている。それでは，「ESGデータ」と聞いたときに，読者の皆さんの頭に浮かぶものは何だろうか。特に最近では企業におけるカーボンニュートラルへの目標設定など，身近なところでESGをめぐる取組みに大きく進捗があった。そのような中で，ESGをデータの観点から理解する重要度も増していると考えられる。

　そこで，本節では，ESGデータの分類に始まり，オルタナティブデータとESGの接点について，さらに今後ESGの領域で，オルタナティブデータが重要となりうるポイントについて整理したい。

Ⅱ　3つのESGデータ

　まずは，一般的にESGデータとして認識されているデータについて整理する。この中ではオルタナティブデータが含まれていない点に留意いただきたい。大きく分けて，以下，3種類のデータがあると考えられる（図表2-2-1）。

図表2-2-1　企業活動の一環として公表される情報から抽出・作成されるESGデータ

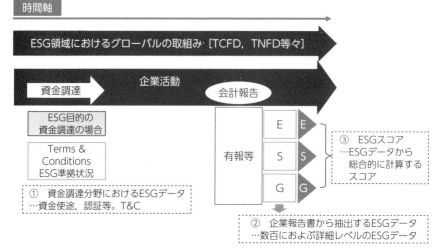

出所：筆者作成

1　資金調達分野におけるESGデータ

グリーンボンドやグリーンローンを通じて，ESGを目的とした資金調達に関係するデータ。資金使途や認証機関情報などのESG準拠情報がTerms＆Conditionデータ（契約条件の文書）の中に含まれる。2024年2月に世界初のGX経済移行債「クライメート・トランジション利付国債」が発行されたことも記憶に新しい。

2　ESGデータ（ローデータ，Raw Data）

有価証券報告書や年次報告書などの企業報告書の内容から，各ESGデータプロバイダーがESG関連項目を抽出した数百種類にも及ぶ詳細データ。なお，プロバイダーによってはアンケート結果を基にしてデータを作成しているケースもある。いずれにしても，金融庁が「ESG評価・データ提供機関に係る行動規範」（以下，ESG行動規範）を明確に打ち出した中で，データに対する透明性の確保が必要とされている。

3 ESGスコア

各データプロバイダーが，ローデータを基にして，総合的に計算するスコア。一般的にESGデータというときには，このESGスコアを指すことが多い。なお，ESGスコアにおいても透明性の確保が必要なことには変わりがない。例えば，計算方法の透明化は重要なポイントである。

Ⅲ ESGに関する進捗状況

ここで，制度化を含めて，ESGに関する進捗状況について確認しておきたい。

東京証券取引所が2021年に発表したコーポレートガバナンス・コードの改訂では，2022年4月以降，プライム市場の上場企業に対して，気候関連財務情報開示タスクフォース（TCFD）開示，または，それと同等の温室効果ガス排出によるリスクと機会について報告を求めた。本邦において実質的な制度としてのESGへの関わりの開始だったのではないだろうか。この取組みは，国際的に見ても，先進的な取組みであったことも付け加えておきたい。その後，金融庁により内閣府令が改正され，2023年3月期から，有価証報告書提出企業は「サステナビリティに関する考え方及び取組」の記載欄を新設し，「ガバナンス」と「リスク管理」については必須記載とした。環境分野においては，引き続き，TCFDの枠組みを用いたものと考えられる。

また，会計基準の観点においても大きな進捗があった。企業報告に関する基準化の進捗が重要（ルールメイキングが必要）という流れの中で，2023年6月には国際会計基準財団（IFRS）が運営する国際サステナビリティ基準審議会（ISSB）のリードにより，サステナビリティ基準の公表が実現している。さらに，2024年3月には，日本版ISSBにあたる，サステナビリティ基準委員会（SSBJ）が「サステナビリティ開示基準の適用（案）」，「一般開示基準（案）」，「気候関連開示基準（案）」の3つのサステナビリティ情報開示に関する基準案を公表した。TCFD自体は2023年10月に解散したものの，その枠組みは，より実務に近い形で残り続けている。

Ⅳ　ESGデータ（ローデータとスコア）における透明性確保と補完

　ここに至るまでのESGに関する取組みの進捗は，前述のように，制度上の動きがドライブしてきたもので，各企業は適宜必要な対応を行うという受け身の立場だったように思われる。しかしながら，この枠組みを通じて，ESGデータを取り扱うデータプロバイダーを含めて，ESGデータの透明性に対する意識が共有される基盤が出来上がったとも言えよう。

　今日では多くの企業が先陣を切って温室効果ガスの排出をネットゼロに削減する行動を起こしている。政府だけではなく，企業自身が取組みをリードする立場に変わりつつある。

　このような状況の中で，ESGデータを利用する投資家層を中心にして，「透明性」を前提にしつつも，「適時性」の高いタイムリーなデータへの注目度合いが高まる可能性があると考える。企業による報告——有価証券報告書や年次報告書など——がデータソースとして最も信頼できるものであることに疑いはないだろう。これらの報告書では，これまでの実績だけではなく，今後の活動指針など企業の将来的な考え方が広範囲にわたりカバーされているケースが通常である。一方で，企業報告と日々の企業活動には，そのデータ更新頻度に当然ながらギャップがある。ESGに関連した企業のさまざまな動きは，プレスリリースや関連ニュースを通じて周知され，株価が反応することも日常的になってきている。

　企業活動の中から，できる限りタイムリーにESGに関した課題や進捗を把握し，活用するアプローチを模索するニーズがより高まるものと考えられよう。ここにオルタナティブデータとESGの接点が生まれてくると考えられる。

Ⅴ　ESG領域におけるオルタナティブデータの可能性

1　適時性とテキストデータ

　まず，適時性に関連したオルタナティブデータの可能性を紹介したい。

　企業活動に関する情報は，例えば，プレスリリースや記者会見，取材によるニュース記事，アナリストによる取材・分析のほか，SNSに代表されるイン

図表2-2-2　ESGデータにおけるオルタナティブデータの位置づけ

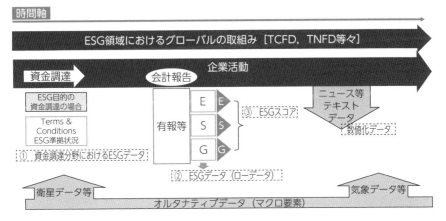

出所：筆者作成

ターネット上の「テキストデータ」の中に多く含まれている。こうしたテキストデータは，代表的なオルタナティブデータである。多くのテキストデータはリアルタイムにリリースされるものであり，ESGに関する情報も含まれることがある。

　テキストデータをそのまま使用することも可能ではあるが，そのテキストにどれだけESGに関係した文脈が含まれているかについて，自然言語処理（NLP）や大規模言語モデル（LLM）による分析を通じて，サマリーとしてのアウトプット，また，数値化することが有効なアプローチとなっている。リアルタイム性のある数値化されたデータであれば，バルクデータ分析の一環として，適時，ESGに関連した企業分析や，投資判断に組み入れることが可能となる。

2　進捗確認と画像データ

　続いて，ESGにおいて，今後重要度が高まるのは，サステナビリティに関する取組みがどの程度進められているかを表す「進捗確認」に用いるデータである。すでにグリーンウォッシュが課題として取り上げられているが，特にグリーン（環境）の領域においては，「効率的に」データを収集するニーズが高

まると考えられる。

この点において有効と考えられるオルタナティブデータが,「衛星やドローンなどによる画像データ」である。これらの画像データは,その精緻さから,建設分野や治山治水など非常に幅広く実用化が進んでいる。

一方,ESG分野での使用は,まだこれからと思われる。画像データについては,上書きできないような方法(例. DLT:Distributed Ledger Technology,分散型台帳技術)を組み合わせることで,さらに効果的に,グリーン投資の有効性や,グリーン資金調達の進捗確認への適用が可能となるオルタナティブデータであると考えられる。

3 天候,地理,衛星データ

最後に,企業活動に関連した,もう少し広義のESGデータについても若干言及しておきたい。温暖化による海水面上昇への影響のように,天候データ,地理データ,衛星データなどのマクロ的なデータもオルタナティブデータの枠組みに含まれる。

例えば,ESGに関連したマクロ経済的な分析だけではなく,地理データに基づいて工場などの立地を分析することは,企業にとっての中長期のストラテジー構築においても重要な要素であり,ここにもオルタナティブデータが活躍する領域があると考えられる。

Ⅵ まとめ

今回,可能性として提示した例は,現時点では,企業によるサステナビリティ開示や,透明性を確保したESGデータとはまだ距離感のあるアイデアかもしれない。一方で,短い期間で広範囲にESG領域を把握するには,オルタナティブデータ活用の可能性を模索する余地が十分に残されていると考える。

笠井 康則(LSEG データ&アナリティクス プロダクト・マネジメント ディレクター)

第3節　従業員口コミデータを活用した企業文化の定量評価

Ⅰ　オルタナティブデータで紐解く企業文化

　政府が掲げる「新しい資本主義」では「人への投資」，すなわち人的資本の強化が重要視されており，人的資本に関するニュースを見聞きしない日はない。2023年3月期決算より，有価証券報告書において人的資本に関する情報開示が義務化されるなど，情報開示の動きが急速に進展している。その流れを受け，近年ではデータを活用して企業の人的資本を評価する動きが盛んになっており，ここではその一例として人的資本と密接に関連する企業文化に注目した分析について紹介する。

　企業文化は，従業員が暗黙知として共有する価値観や企業独自の雰囲気などを意味しており，企業の人的資本を評価する上で重要な要素の1つと言えるが，客観的に測定することが難しい。なぜなら企業文化は抽象的な概念であり，財務諸表などの伝統的な情報で評価することが難しいからだ。そこで，オルタナティブデータである従業員の生の声（口コミデータ）を活用し，企業文化を定量的に評価した。

Ⅱ　VUCA時代を生き抜く企業文化とは？

　テクノロジーの進化や地政学リスクの高まり，顧客ニーズの多様化など，企業経営を取り巻く環境は，まさにVUCA時代に突入している。VUCAは，ビジネスの環境を表す概念で，変動性（Volatility），不確実性（Uncertainty），複雑性（Complexity），曖昧さ（Ambiguity）の頭文字をとったものである。変化が激しいVUCA時代を企業が生き抜くには，これまでの成功体験にとらわれることなく，変化に対して柔軟に適応し，強靭性（レジリエンス）を発揮することが重要だ。

　では，企業がレジリエンスを発揮するのに必要な要素は何か。その答えの1つが「変革力が高い企業文化」である。オープンなコミュニケーションが可能

な環境や，失敗を許容する企業文化を有する企業は，イノベーションを促進する土壌が整っており，将来の予想困難な事象に対応できる蓋然性が高い。以下では，数ある企業文化のなかでも「変革力が高い企業文化」に注目した分析事例を紹介する。

Ⅲ 従業員口コミデータによる企業文化の定量評価

従業員口コミデータは，オープンワーク株式会社が提供している転職・就職のための情報プラットフォームOpenWorkのデータを利用した。一般的に，従業員の口コミのような定性的なテキストデータは，財務指標のような定量データと比べて分析が難しいとされる。そこで，Google社が開発したBERTと呼ばれる自然言語処理技術を活用し，口コミデータを統計的に処理したうえで分析を行った。

具体的には「組織体制・企業文化」に関するデータに対して，BERTでトピック分類とセンチメント分析を適用し，口コミデータを解析した。トピック分類は，ある口コミデータがどのようなトピックについて書かれているのかを分類するものであり，センチメント分析は，その口コミの内容がポジティブなのかネガティブなのかを評価する手法である。

トピック分類では，「変革力」に関連すると考えられる「自由闊達」「風通し」「フラットな組織」などのキーワードを設定し，BERTモデルを学習させた。ここでは「変革力」のトピックへの関連度を（0〜100%），文章のセンチメントを（0〜1点）で評価し，これらのスコアを集計することで，企業文化を評価するスコアを算出した。

実際に口コミデータに対してBERTモデルを活用しトピック分類とセンチメント分析を行った事例は図表2-3-1のようなものである。

第2章　オルタナティブデータ活用の実際　35

図表2-3-1　口コミデータの分析事例

投稿者Jの口コミデータ	Topic	Sentiment
自由闊達で，本人の意思を尊重してくれる社風がある。	99%	0.98
また，若くしても色々と本人の希望次第で任せてくれる風土がある。	70%	0.76
海外赴任のチャンスも多く，学ぶことができるチャンスが多分にあると考える。	9%	0.65

出所：OpenWorkデータより三菱UFJ信託銀行作成

　例えば「自由闊達で，本人の意思を尊重してくれる社風がある」という文章をBERTモデルでは，「変革力」というトピックへの関連度合い（99%），文章はポジティブな内容（0.98点）と評価される。「海外赴任のチャンスも多く，学ぶことができるチャンスが多分にあると考える」という文章であれば，文章はポジティブな内容と評価されている一方で，トピックへの関連度合いは9%と低く変革力が高い企業文化には関係がないと評価された。実際にすべての口コミデータをBERTモデルで評価し，変革力スコアが高かった企業のリストを図表2-3-2に示した。なおここでは口コミ数が十分確保できた時価総額上位500企業に絞ってリスト化している。

36　PART I　オルタナティブデータの基本と実際

図表2-3-2　変革力スコア上位30社

企業名	変革力スコア	企業名	変革力スコア
ソニーグループ	0.22	東京応化工業	0.16
メルカリ	0.22	日揮ホールディングス	0.16
三井物産	0.21	ベイカレント・コンサルティング	0.16
物語コーポレーション	0.20	タカラトミー	0.16
エムスリー	0.20	中外製薬	0.16
リクルートホールディングス	0.19	村田製作所	0.16
ミライト・ワン	0.19	AGC	0.15
TDK	0.18	京セラ	0.15
東京エレクトロン	0.18	旭化成	0.15
ラクス	0.18	ファンケル	0.15
エーザイ	0.18	任天堂	0.15
MonotaRO	0.18	野村総合研究所	0.15
トレンドマイクロ	0.18	TIS	0.15
ミスミグループ本社	0.16	ディスコ	0.15
東京海上ホールディングス	0.16	キッコーマン	0.15

出所：OpenWorkデータより三菱UFJ信託銀行作成

　具体的な企業の口コミデータを一部紹介する。

①　ソニーグループ

　世界的電機メーカー。金融，映画などのコンテンツビジネスにも強みを持ち，事業の分社化・売却等によるビジネスモデル変革によりV字回復した実績がある。ソニーグループの変革力スコアを牽引した従業員口コミデータの一例は図表2-3-3のとおり。

第2章　オルタナティブデータ活用の実際　　37

図表2-3-3　ソニーグループの口コミ事例

戦後最も成功したベンチャー企業と言われているだけあり，他の日系企業と比べ自由で風通しも良いと感じる。
創業時の設立趣意書にある「自由闊達にして愉快なる理想工場」を地でいく様な，オープンで自由な社風が根底にあると思います。
自由闊達という言葉通り，社員はそれぞれ自分のペースで自由に仕事を行っている印象。
文化という意味では，比較的オープンに話をするムードがあると思われます。

出所：OpenWorkデータより三菱UFJ信託銀行作成

② メルカリ

フリマアプリで国内最大手。3つのバリュー「Go Bold, All for One, Be Professional」を社員の多くが共有し，独自の企業文化を醸成。メルカリの変革力スコアを牽引した従業員口コミデータの一例は図表2-3-4のとおり。

図表2-3-4　メルカリの口コミ事例

かなりスピード感を求める会社で，意思決定が早いです。
Go bold, all for one, be a proというバリューを掲げ，全社会議や日々の会話でも言及される徹底ぶり。
手をあげた社員にはチャレンジさせることも多く，若いうちから大きな事が経験できる場合もある。
トップダウンではなくボトムアップ体制なので，若い社員や入社したばかりの社員も自分の意見を言うことが出来る。

出所：OpenWorkデータより三菱UFJ信託銀行作成

③ 東京エレクトロン

世界的な半導体製造装置メーカー。研究開発や協業など通じて多くの製品群でトップクラスのシェア実績がある。東京エレクトロンの変革力スコアを牽引した従業員口コミデータの一例は図表2-3-5のとおり。

38 PART I オルタナティブデータの基本と実際

図表2-3-5 東京エレクトロンの口コミ事例

少数精鋭で若手に重要な案件を任せる。何事にもオープンな企業文化であり，自由な社風（意見を言いやすい）である。
自由闊達に上下関係を気にすることなく働くことができる。また新たな文化を取り入れようとする取り組みが感じられる。
風通しの良い企業文化です。中途採用の方が数多くいますが皆口を揃えて風通しの良い会社だと言っている。
会社の中では風通しがよく自由な雰囲気です。仕事を任されチャレンジしやすい環境です。

出所：OpenWorkデータより三菱UFJ信託銀行作成

④　東京海上ホールディングス

　損保大手。保険業法改正など外部環境変化を受け，海外市場に活路を見出しM&Aなどを通じて急拡大してきた実績がある。東京海上ホールディングスの変革力スコアを牽引した従業員口コミデータの一例は図表2-3-6のとおり。

図表2-3-6 東京海上ホールディングスの口コミ事例

自由闊達という言葉通り，年次に関係なく自分のやりたいこと，意見をしっかり伝えられる雰囲気である。
大企業だが，「自由闊達」を社風に掲げているだけあって社内の風通しが良い。フラットで非常に意見が言いやすい。
歴史があり，伝統を重んじる会社ではありつつも最近ではかなり風通しをよくしようとする動きは見られます。

出所：OpenWorkデータより三菱UFJ信託銀行作成

Ⅳ　変革力が高い企業の株価リターン

　変革力が高い企業群は，予想困難なVUCA時代においても環境変化に柔軟・迅速に対応することで，堅調な業績を示すことが期待される。ここでは株式市場で変革力が高い企業がどのように評価されているのかを検証した（図表2-3-7）。

　変革力スコアの水準ごとに3つのグループに分類し，グループごとに株価リ

ターンとの関係性を見た。グループ1は「変革力スコア」が高い企業群（「自由闊達」「風通しがよい」といった口コミが多い），グループ3はスコアが低い企業群（「トップダウンである」「年功序列で風通しが悪い」といった口コミが多い），グループ2はそれらの中間の企業群である。このグラフから，株式市場では変革力が高い企業がそうでない企業に比べて高く評価されており，投資判断する上で有益な情報と言える。特にコロナ禍で業績が落ち込む企業が多かったなか，この傾向に大きな変化が見られなかったことは注目に値する（変革力が高いと評価していた企業群の株価はコロナ禍でも堅調であった）。

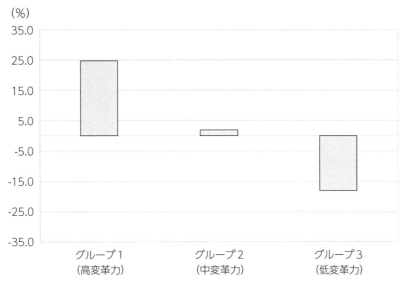

図表2-3-7　変革力ごとの株価リターン

出所：OpenWorkより三菱UFJ信託銀行作成

　なお，データの集計方法は毎月月末時点で利用可能な口コミデータに対しスコアリングを行い，月次リバランスとした。検証期間は2015年3月末〜2024年2月末までの口コミデータを利用し，2015年4月〜2024年3月末までの株価リ

ターンを評価した。

またOpenWorkが提供する「従業員の満足度」「風通しの良さ」「社員の士気」といった定量的なスコアと変革力スコアの相関を見ると，0.4程度の正の相関が確認された。これにより，変革力が高い企業文化は相対的に従業員の満足度が高く，働きやすい環境と推察される（図表2-3-8）。このような企業では，離職率が相対的に低くなると考えられ，企業にとって人的資本といった無形資産の積み上げや，人材獲得コストの低下による販管費の抑制，さらに従業員の満足度や士気向上による企業文化のさらなる強化など，さまざまなメリットが期待される。

図表2-3-8　変革力が高い企業の定量的傾向

	従業員の満足度	風通しの良さ	社員の士気
変革力スコア	0.41	0.44	0.36

出所：OpenWorkデータより三菱UFJ信託銀行作成

V　最後に

オルタナティブデータである従業員口コミデータと自然言語処理技術（トピック分類とセンチメント分析の組み合わせ）を活用し，企業文化を定量評価する事例を紹介した。簡単な検証ではあるが，「株価リターン」の傾向や「従業員の満足度」，「風通しの良さ」，「社員の士気」との関連性を示した。今後の研究課題としては，「変革力が高い企業文化」以外にも，「成果主義の企業文化」や「組織力が高い企業文化」など，多様な企業文化が存在するので，それぞれの特性や企業文化の併存・相互作用含めて検証していきたい。今後はこういったオルタナティブデータを活用した人的資本を評価する事例が増え，そこから得られた知見は，人的資本経営を実践する上で重要な示唆となっていくであろう。

神田　裕樹（三菱UFJ信託銀行株式会社　資産運用部 ファンドマネージャー）

第4節　不動産投資におけるオルタナティブデータ活用

Ⅰ　ヒト・モノの流れを把握することで不動産投資はどう変わる？

　不動産投資においてオルタナティブデータの一層の活用が期待されている。オルタナティブデータは，コロナ禍を経て，一気に身近なものとなった。繁華街などの人出を計測した人流データや，ロシアによるウクライナ侵攻の戦況を可視化した衛星画像データは，テレビや新聞などで目にすることも多く，最近身近になったオルタナティブデータの代表例と言える。海外投資家や一部の金融専門家はすでにオルタナティブデータを本格活用しており，今後は国内投資家の間でも浸透することが予想される。

　さまざまな投資対象のうち，不動産はオルタナティブデータを活用するメリットが特に大きい。その理由として，オルタナティブデータには，不動産と相性の良いものが多いことが挙げられる。不動産はその名前が示すとおり動かないため，ヒトやモノなどが動き利用されることではじめて，価値が生まれる。このヒトやモノの流れをタイムリーに把握することはこれまで困難だったが，オルタナティブデータがそれを可能にしつつある。また，不動産投資における課題としてデータ制約が長らく指摘されてきた。個別物件のデータがない，成約データがないなど，定量分析をするために必要なデータをそもそも取得できないことが多くある。加えて，データを入手できたとしても，公表までのタイムラグが大きいことが課題だった。しかし，オルタナティブデータが普及することで，このデータ制約が解消に向かうことが期待されている。

　それでは，オルタナティブデータの活用によって，どのような分析が可能になるのだろうか（**図表2-4-1**）。オルタナティブデータは，公表までのタイミングが早く，取得頻度も高いため，「速報性・リアルタイム性の高い分析」が可能である。また，「これまで定量化されてこなかった定性的な情報を活用した分析」として，例えば，細かい粒度のデータによりサブマーケット分析を高度化することができる。なお，オルタナティブデータを活用して，「新たな経済指標・

42　PART I　オルタナティブデータの基本と実際

インデックスの開発」をすることもできる。以下では，いくつかのデータを示しながら，不動産におけるオルタナティブデータの活用事例を見ていく。

図表 2 - 4 - 1　不動産投資におけるオルタナティブデータ活用の方向性と具体例

方向性	具体例
速報性・リアルタイム性の高い分析	新型コロナウイルス感染症の影響分析
これまで定量化されてこなかった定性的な情報を活用した分析	サブマーケット・サブセクター分析やモデル分析・予測の精緻化
新たな経済指標・インデックスの開発	オフィス出社率指数やセンチメント指数などの新指数開発

注：方向性は岡崎・敦賀（2015）から引用，具体例はニッセイ基礎研究所
出所：岡崎陽介，敦賀智裕（2015）「ビッグデータを用いた経済・物価分析について―研究事例のサーベイと景気ウォッチャー調査のテキスト分析の試み―」，2015年 6 月，日本銀行をもとにニッセイ基礎研究所作成

Ⅱ　検索トレンドを活用した「速報性・リアルタイム性の高い分析」

　「速報性・リアルタイム性の高い分析」のニーズが最も高いセクターは，ホテルと商業施設だろう。一般的に，不動産は賃貸契約に基づいて固定賃料が支払われ，これが不動産投資の特徴の 1 つであるインカムの安定性をもたらす。一方，ホテルや商業施設では，運営実績に応じて変動する賃料を受け取る賃貸契約も多く見られる。そのため，検索トレンドや人流，衛星画像，POS，クレジットカード決済履歴などのオルタナティブデータをもとに，ホテルや商業施設の市況を短期予測するメリットは大きい。

　そこで，サーチエンジンでの検索動向を指数化した検索トレンドを用いることで，ホテル市況をタイムリーに分析する事例を紹介する。検索トレンドは，米Google社の「Google Trends」から日本人の宿泊動向を見るために日本語で「ホテル」，外国人の宿泊動向見るために英語で「Japan Trip」の結果を取得した。これらの検索トレンドと，ホテル市場を分析する際によく用いられる伝統的データである観光庁「宿泊旅行統計調査」の日本人と外国人の延べ宿泊者数を，それ

第2章 オルタナティブデータ活用の実際　43

ぞれ比較すると、両者は高い相関を示していることがわかる（図表2-4-2）。

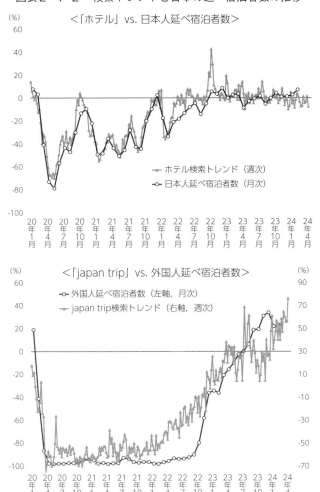

図表2-4-2　検索トレンドと日本の延べ宿泊者数の推移

注：検索トレンドは、米Google社「Google Trends」から「ホテル」と「japan trip」の検索回数を取得したもの
出所：Google、観光庁のデータをもとにニッセイ基礎研究所作成

44 　PART I　オルタナティブデータの基本と実際

　このように検索トレンドを活用することで，ホテル市況をリアルタイムに把握することが可能となる。宿泊旅行統計調査は，第1次速報として全国の月次データが翌月末，第2次速報として都道府県別などのより詳細な月次データが翌々月末に公表される。一方，Google Trendsのデータはほぼリアルタイムで入手できる。2024年4月にホテル市場のデータを取得したと仮定すると，宿泊旅行統計は2月までの全国データを，検索トレンドは直近のデータを取得することが可能だ。このように検索トレンドによって，より早く市況を把握することができ，図表2-4-2では，宿泊旅行統計調査の日本人の延べ宿泊者数は横ばいで推移する一方，外国人はさらに増加することを示唆している。

　オルタナティブデータは伝統的データに対して1～2カ月先行して公表されることが多く，ホテルなど市況の変化が投資パフォーマンスに大きく影響するセクターにおいて，特に有用である。

Ⅲ　住宅の周辺環境可視化による「これまで定量化されてこなかった定性的な情報を活用した分析」

　日本では「これまで定量化されてこなかった定性的な情報を活用した分析」の先行事例はあまり多くないため，米国における分析を紹介する。

　米不動産サイト大手のZillowは，1997年から2013年にかけての住宅価格の変化を，スターバックスが近くにある住宅かどうかという切り口で分析した（図表2-4-3）[1]。具体的には，主要20都市で，スターバックスから約400m以内の住宅と全住宅の住宅価格の変化を比較し，すべての都市においてスターバックスに近い住宅ほど価格上昇率が高いという結果になった。同社はこの現象を「Starbucks Effect」と呼んでいる。

　また，米コンサルティングファーム大手マッキンゼーのメンバーは，オルタナティブデータを活用して，住宅の周辺環境の影響をより体系的に分析してい

1　Jamie Anderson (2015) "Starbucks: Inspiring and Nurturing the Human Spirit… by Caffeinating Home Values", Zillow, 13th Feb 2015.

る[2]。彼らは，不動産市場や建物などに関する伝統的データと，周辺のカフェの数など住宅の周辺環境を含むオルタナティブデータが賃料予測にどのように寄与するかを分析した。その結果，伝統的データが4割程度の寄与であるのに対し，オルタナティブデータの寄与は6割に上ることを示した。つまり，伝統的データよりも，オルタナティブデータの方が，賃貸住宅投資を分析する上でより重要だと言える。

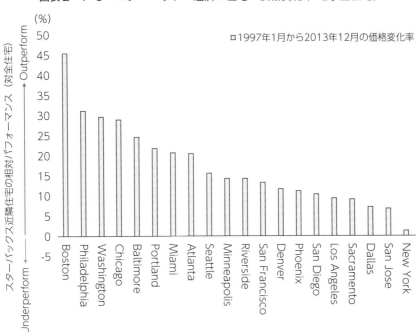

図表2-4-3 スターバックス近隣の住宅の価格変化率（対 全住宅）

出所：Anderson (2015) をもとにニッセイ基礎研究所作成

---

2 Gabriel Morgan Asaftei, Sudeep Doshi, John Means, and Aditya Sanghvi (2018) "Getting ahead of the market: How big data is transforming real estate", Urban Land Magazine,5th Oct 2018, Urban Land Institute

Ⅳ 人流データをもとにした「新たな経済指標・インデックスの開発」

最後に,「新たな経済指標・インデックスの開発」として,ニッセイ基礎研究所とクロスロケーションズが共同で開発したオフィス出社率指数を紹介する(図表2-4-4)。同指数は,スマートフォンの位置情報をもとにした人流データから,オフィス所在地の中心点から半径30mの来訪者数を集計し,東京都心部のオフィス出社率を推計したものである。

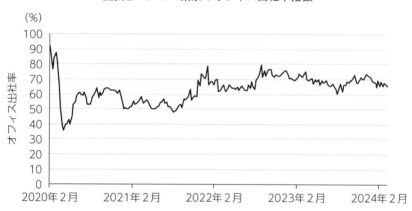

図表2-4-4 東京のオフィス出社率指数

出所:クロスロケーションズ・ニッセイ基礎研究所のデータをもとにニッセイ基礎研究所作成

東京のオフィス出社率は,新型コロナウイルスの感染拡大を受けて初めて緊急事態宣言が発令された2020年4月から5月にかけて最も落ち込み,34%を記録した。新型コロナウイルスという未知の感染症に対して,経済活動に支障をきたしてでもオフィス出社を取りやめた時期である。

その後は,2020年6月から2021年9月にかけて,政府の感染拡大防止策や新規感染者数の増減にあわせて概ね45~65%のレンジで上下動を繰り返した。そして,2021年9月末に緊急事態宣言が解除された後,緩やかにオフィス回帰が進んだ結果,感染拡大の第2波以降のレンジ(45~65%)の上限を上回り,2021年12月後半から2022年1月前半には70%以上の水準を維持した。しかし,

2022年1月以降は，オミクロン株の拡大により新規感染者数が過去最高の水準となり，再びオフィス出社を抑制する企業が増え，オフィス出社率は頭打ちとなった。2023年5月には政府が新型コロナウイルス感染症の感染症法上の位置づけを，季節性インフルエンザと同等の「5類」へ引き下げ，いよいよポストコロナに移行した。しかし，在宅勤務とオフィスを組み合わせたハイブリッドな働き方が定着したことで，オフィス回帰の動きは緩慢で，2024年3月末のオフィス出社率は65％にとどまっている。

　以上のように，不動産投資においてオルタナティブデータを活用することでさまざまな観点から分析できることを紹介した。その他にも多くの活用事例が出てきた。J-REITでは，IR資料にオルタナティブデータを活用する例も見られ，オルタナティブデータを活用することを謳ったJ-REITファンドも登場した。しかし，不動産投資におけるオルタナティブデータの活用はまだ緒に就いたばかりだ。今後，オルタナティブデータがますます普及することで，不動産投資においてもデータに基づいた投資判断の重要性が高まりそうだ。

佐久間 誠（株式会社ニッセイ基礎研究所　金融研究部 主任研究員）

第5節　オルタナティブデータを活用した個別銘柄のボトムアップリサーチ

I　オルタナティブデータの分類

　オルタナティブデータは欧米やシンガポール，香港などのヘッジファンドを中心に活用が進んでいるが，運用者によってその活用方法はさまざまである。本節では，ボトムアップリサーチにおいてどのようにオルタナティブデータが活用されているかについて紹介する。活用事例の紹介前に，オルタナティブデータにはどのような種類があるかを整理しておく。オルタナティブデータの分析対象とデータの紐付けの観点から4つの象限に分類することが可能である。

　図表2-5-1は，鳥貴族ホールディングス（3193）傘下企業が展開する居酒

屋チェーン「鳥貴族」と外食産業全般の分析事例である。待ち時間のデータは個別銘柄に紐付いたデータであるが，鳥貴族の分析だけでなく，新型コロナウイルス感染拡大による緊急事態宣言解除後の外食需要の回復度合いの調査にも活用できる。一方で，全国の人流データは特定の銘柄に紐付いていないものの，外食需要全体を捉えるだけでなくこうした個別企業の分析にも活用可能である。次にオルタナティブデータを実際に活用した分析例を解説する。

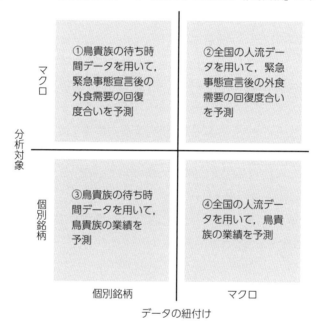

図表2-5-1　分析対象とデータの紐付けの関係性（「鳥貴族」のケース）

出所：PERAGARUデータ分類表

II　オルタナティブデータを活用したボトムアップリサーチ
1　PERAGARU従業員データを活用したシステム・ソフトウェア業界の採用人数分析

PERAGARUが取り扱う従業員数データは毎月月次で上場企業ごとの従業員

数を計測している。本データは，当月末の従業員数を翌月の上旬までに把握できるため，四半期決算が発表される前に上場企業の新規採用や退職動向を推計するのに有用である。本データを基に，システム・ソフトウェア業界の上場企業の従業員数の動向を調査した。システム・ソフトウェア業界の業績を予測する上では，エンジニア数やコンサルタント数といった従業員の数が売上，コスト面に大きく影響を及ぼすため非常に重要である。本レポートでは従業員数データ（子会社含む）から特にシステム・ソフトウェア業界の企業を抽出し，従業員数の変化率を基にランキング化した。

ランキングは，システム・ソフトウェア業界の企業から2023年12月〜2024年2月の3カ月間連続で従業員数が増加した企業について3カ月の間での従業員数増加率上位10企業を抽出して作成した。図表2-5-2にそのランキングを紹介する。

図表2-5-2　PERAGARU従業員データ増加率

順位	証券コード	企業名	従業員数（人）	四半期増加率	四半期増加人数
1	4389	プロパティデータバンク	73	49%	24
2	3967	エルテス	446	32%	107
3	7033	マネジメントソリューションズ	1,215	13%	138
4	3927	フーバーブレイン	139	11%	14
5	4443	Sansan	2,102	11%	208
6	3657	ポールトゥウィンHD	4,588	11%	437
7	5586	Laboro. AI	69	10%	6
8	4449	ギフティ	343	8%	24
9	3848	データ・アプリケーション	139	6%	8
10	3727	アプリックス	24	6%	3

出所：PERAGARU従業員データ

上位10社のうち1位，2位の2社については2月に極端な増加を示しており，子会社を含む組織再編等の影響と考えられるが，その他の企業については違和感のない従業員数の推移である。特にマネジメントソリューションズ，

Sansan，Laboro.AI，ギフティ，データ・アプリケーション等の企業は業績を見る上で採用状況が注目されている企業である。

データ・アプリケーションは2024年３月期第３四半期決算の質疑応答集を開示しており，2024年３月期第４四半期において10人以上の採用を予定していると述べており，実際に従業員数データを確認すると，２月末時点で６人を採用していることがわかるので，３月以降の採用計画，費用についての見通しが立つのではないだろうか。

マネジメントソリューションズはGroup Employeesを開示しており，PERAGARUの従業員数データと会社の開示する従業員数は非常に近い値となっていることがわかる。このデータをみると，２月も順調に採用を進めることができているということが読み取れる（図表２-５-３）。

図表２-５-３　従業員推移

出所：PERAGARU従業員データ

また，同社は営業人員体制の強化とともに既存顧客に向けたアップセル，クロスセルを行うことによる単価上昇でオペレーティングマージンが拡大していくことが考えられ，今後の業績にも期待が持てる。今後は採用ペースが加速/減速しないか，や採用増減に伴う一時的な単価の増減があるかどうかを，従業員数データを基に予測することでより確度の高い予想をすることが可能であろ

う。

2 レシートデータを使った食品メーカーの売上予想

　PERAGARUでは，2023年9月19日より，東芝データ株式会社との提携で「スマートレシート®」[3]から得られる購買統計データの提供を開始する。「スマートレシート®」は東芝グループの電子レシートサービスで約140万人のサービス会員がいる。PERAGARUでは，この購買統計データを個別銘柄ごとに加工・集計し，日次の売上推定値としてデータ提供を予定している。ここでは，データ提供の開始に先立って購買統計データの活用事例を紹介する。

　やまみ（2820）は，豆腐およびその関連製品である厚揚げ，油揚げ等の製造・販売を主な事業とする会社である。一部，食品加工業や外食業向けの業務用商品も取り扱っているが，主力は一般消費者向けの商品であり，「スマートレシート®」の購買統計データで一般消費者の購買動向を分析することで業績予測が可能となる。

　図表2-5-4はスマートレシートデータの合計購買金額を示している。購買

図表2-5-4　スマートレシートにおけるやまみ商品の合計購買金額の推移

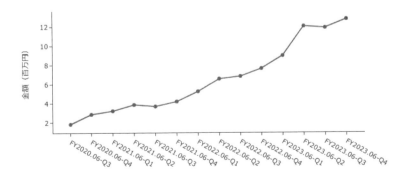

出所：PERAGARUレシートデータ

3　「スマートレシート®」は東芝テック株式会社の登録商標

図表2-5-5 やまみの四半期売上予測。実線は実績、破線は購買統計データを用いた売上推定値

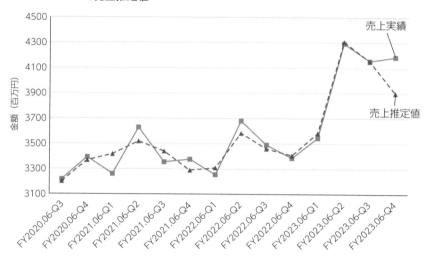

出所：PERAGARUレシートデータ

金額は上昇傾向にあるが、これにはスマートレシートの利用率拡大による上昇分も含まれるため、直接売上推定に使うことはできない。やまみの売上を正しく推定するためには、スマートレシート利用率拡大によるトレンドを除去する必要がある。ここでは、来客者数のデータを補助的に利用することで利用率拡大のトレンドを除去し、実際の売上金額の推定を行った。

図表2-5-5は、やまみの実際の売上（黒）と購買統計データをもとに推定した四半期売上（グレー）を比較したものである。売上推定のモデルは、2023年第3四半期までのデータを利用してパラメータを調整し、最新の第4四半期の値は調整済みのモデルから推定した値となっている。モデルが推定した2023年第4四半期の売上は3900百万円程度（前年同期比+15%）であるのに対して、実際の値は4185百万円（前年同期比+24%）となっており、予測を上回る業績であった。直前の2023年第3四半期までのモデルの当てはまりからすると、誤差は大きくなっているものの、実際の値との誤差は7%以下であり、まずまず

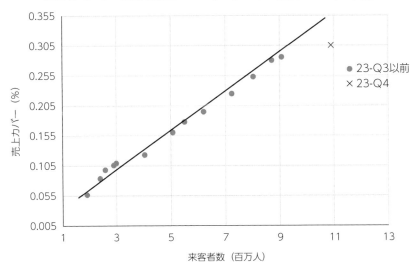

図表2-5-6　来客者数とスマートレシートの売上カバー率の関係

の精度で予測できているといえるだろう。

　直前までの推定値に比べて今回の決算で誤差が大きくなった要因としては，新型コロナウイルスの感染症法分類の5類移行に伴って人流が急激に増加したことが可能性として考えられる。前述のとおり，売上推定モデルでは，トレンド補正のために補助的に来客者数データを使用している。このトレンド補正の効果は，来客者数が多いほど売上推定値が下がる方向に働く。したがって，5月以降の人流増大により来客者数が急増したことで，トレンド補正効果が過剰に働き，実績よりも低い売上推定値を算出したと考えられる。実際，やまみの売上に対してスマートレシートの合計購買金額の占める割合と来客者数の関係を見ても（図表2-5-6），5月を含む当四半期（グラフ×部分）はこれまでの傾向からはやや外れていることがわかる。この他にも，業務用商品の売上の影響や，スマートレシートの利用可能店舗の偏りなどの影響も可能性としては考えられるだろう。

　ここまで見てきたように，PERAGARUで提供されるデータには，来客者数

によるトレンド補正の影響が含まれていること，またスマートレシートで取得できている購買データの範囲が限られていること（国内一般消費者向け）に関しては留意する必要があるものの，企業の業績を予測するには有用なデータであるといえる。

　以上，本節では２通りのオルタナティブデータ活用事例を紹介した。このように，オルタナティブデータの中には，ほぼ正確に売上の予測を可能とするデータや，採用動向などの費用を予測することによって投資判断に活用できるデータがある。

塩谷 航平（株式会社hands　代表取締役 CEO）

PART II

10社が語る
オルタナティブデータの活用最前線

第3章

ESGとオルタナティブデータ

第1節 世界のトップヘッジファンドが注目するESG投資用データとしての社員口コミとは

Ⅰ 持続可能的な企業成長と人的資本経営に向けた人材データ活用の必要性

　従来の企業評価では，財務指標などの定量情報が広く利用される反面，「組織文化」や「従業員の満足度」などの人的資本データはほとんど活用されてこなかった。しかし近年では，新型コロナウイルスやロシアによるウクライナ侵攻などの影響によって先を見通すことが難しいVUCA時代が到来しており，企業評価や投資の新しい判断材料としてこれまで利活用されてこなかったデータ，オルタナティブデータの活用が進んでいる。

　筆者の勤める転職・就職プラットフォームのOpenWorkは2007年に創業以来，1,600万件以上の社員口コミや企業評価スコア，残業時間，有休消化率を含むデータを蓄積してきた。そしてOpenWorkのデータも，組織力や経営力を測定する指標として，国内の研究機関や海外のヘッジファンドに活用されている。経済産業省が公表した「人材版伊藤レポート」が強調するとおり，長期的な企業価値の向上のためには，組織や人への投資が不可欠であり，これらのデータをいかに活用できるかが鍵を握っていると考えられる。

　海外ではすでに，従業員の企業評価情報と企業業績の関連性を証明する研究が進んでいるが，OpenWorkでも自社データを活用した研究を行っている。本

節では，OpenWorkのデータが金融機関から注目されるきっかけともなった研究について紹介していきたい。

　なお，この研究は，2018年度に証券アナリストジャーナル賞を受賞した『従業員口コミを用いた企業の組織文化と業績パフォーマンスとの関係』（西家宏典，津田博史）（西家・津田，2018）と2021年に発表された『従業員口コミを用いた働きがいと働きやすさの企業業績との関係』（西家宏典，長尾智晴）（西家・長尾，2021）の２つの論文が原案となっている。

Ⅱ　スコア生成方法

　西家・津田（2018）ではOpenWorkに投稿されている社員口コミの中から，以下４つのカテゴリーに投稿された上場企業の口コミデータをもとに，テキストマイニング・AIによって３つのスコアを生成している。

- 「組織体制・企業文化」→組織文化スコア
- 「働きがい・成長」→働きがいスコア
- 「ワークライフバランス」「女性の働きやすさ」→働きやすさスコア

　これらのスコアと企業業績や株価との関係性を分析した結果，組織状態や従業員の働きがい・働きやすさを大きく改善している企業は，将来のパフォーマンスにプラスの影響を及ぼす可能性が高いということが明らかになった。

　組織文化や働きがい，働きやすさは抽象度が高く，主観が大きく影響するため，スコア化は容易ではない。テキストの口コミ文章から各スコアを定量化するため，まずはAI用の学習データを作る必要がある。具体的には，投稿者ごとの口コミを句点で分割し，文章単位の情報に変換した上で，その文章が各スコアにとってポジティブ，ネガティブ，またはニュートラルであったかを複数人で読み込み，フラグを付与する非常に地道な作業から始まるのだ。

　これらを学習データとしてAIに学ばせることで，数十万件にも及ぶ口コミデータを自動で分析することが可能になる。さらに，会社単位でポジティブ確率を付与し，定量化したものがスコアとなる。

Ⅲ　企業の競争力を左右する組織文化

　まずは，組織文化スコアと業績や株価との関係性を調査するため，算出した
スコアをベースに対象企業の前年の組織状態を「悪い」「中間」「良い」の３段
階に，さらに１年後の組織文化スコアの改善度合いで「悪化」「維持」「改善」
の３段階に分けた。都合，３×３の計９種類に企業を分類することができる。
この区分をもとに分析した結果，特に売上変化率と負債比率について強い相関
が見られたのである。

　前年のスコアが悪く，さらに改善度合いが悪化した企業の売上高変化率は統
計的に有意に負となり，将来の企業成長の阻害要因になっていることが示され
た。また，これらの企業群においては負債比率の増加幅が大きくなる傾向にあ
り，組織文化の悪化が将来の財務的なリスクにつながっていることがわかる。
なお，業績悪化企業の共通ワードとして「体質」「古い」「年功序列」などの
ワードが目立った。

　次に，株価との関係性の結果について紹介したい。スコアの改善幅に応じて
企業を順に「相対価値」（Relative Value，以下RV）のスコアが高い順から
RV05からRV01までの５つのグループに分け，そのグループごとの株価の推移
を表したのが，**図表3－1－1**である。各グループのポートフォリオは，毎年8
月末時点のスコアの年次変化率を用いて構築し，その後１間バリュー・ウェイ
トで保有し，2010年〜2017年まで月次ベースで運用したものである。

図表3-1-1　組織文化スコアの改善と株価推移の関係

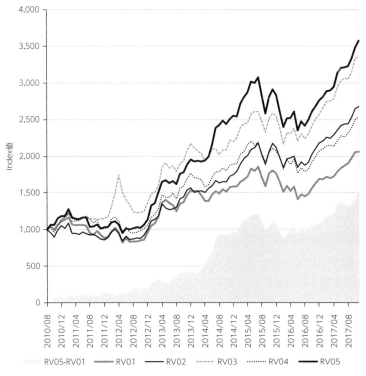

出所：西家宏典・津田博史『従業員口コミを用いた企業の組織文化と業績パフォーマンスとの関係』（2018）証券アナリストジャーナル2018年7月号より引用

　グラフを見ると，スコアが低い企業群のRV01とスコアの高い企業群のRV05の差は時間を経るごとに広がっている。組織文化の改善が大きい企業群（RV05）と悪化が大きい企業群（RV01）の株価パフォーマンスの差は統計的に見ても有意な差であり，特に悪化が大きい企業群（RV01）ではマイナスの超過リターンが観測された。すなわち，組織状態が大きく悪化している企業は，将来の株価パフォーマンスにも悪影響を及ぼす可能性が高いということがわかったのである。

Ⅳ　働きがい・働きやすさと企業価値向上の好循環を生む

　続いて，働きがいスコアと働きやすさスコアが企業の業績や株価とどのような関係性があるのかを見ていきたい。人材に関連したサービスを提供するHR（Human Resource）業界では働きがいがあるから業績が上がったのか，業績が上がっている状況だから働きがいがあるのか，鶏と卵のどちらが先かという議論がされることがある。西家・長尾（2021）ではこの因果関係について，相互に影響があることが示されており，企業成長においては業績と働きがいの双方が必要だとわかった。

　まずは各スコアと業績の関係について見てみると，働きがいスコアが改善されることにより，3年後の売上高変化率・売上原価変化率に対して統計的にプラスに寄与するという結果が得られた。これは，働きがいの上昇はその後の企業成長の要因になっていることが考えられる。また，働きやすさスコアが改善されると，2～3年後の売上高営業利益率にプラスの影響があり，働きやすさの改善が退職率の低下や採用力の強化につながり，人件費が抑えられていると考えられる。

　この研究では業績が働きやすさに与える影響は現れなかった一方，ROEやサステナブル成長率が改善すると，1～2年後の働きがいに対して統計的にプラスに寄与することも示された。サステナブル成長率は，企業の利益がどの程度内部投資に回るのかと捉えることができるので，内部投資が新規事業をはじめとしたさまざまな施策に投下されることで従業員の働きがいにつながっている可能性がある。

　また，働きがいと働きやすさの両スコアが同時に改善すると，9～12カ月後に統計的に有意なアルファが出ていた。働きがいスコア単体でみると0～4カ月後の株価に影響があったが，働きやすさスコアの変化のみでは株価への影響はなかった。厚生労働省による働きやすさの定義は「働く苦労や障壁が小さい」とされているが，働きやすさだけ改善しても「ゆるい環境」を作ってしまっている可能性があり，結果的に労働生産性が向上しないことには納得感があるのではないだろうか。

V さいごに

世界的潮流であるESGの加速や人的資本経営の注目により，今後ますます人材・従業員データの活用が求められていくだろう。OpenWorkではこれからも情報の質にこだわり，研究機関との共同研究を進めていく。最新研究は海外の学会でもアクセプトされており，世の中に公開できる日も近い。「働く」データを蓄積し透明化するプラットフォームとして進化を続け，世界における日本のオルタナティブデータ市場の地位向上に貢献していきたい。

大澤 陽樹（オープンワーク株式会社　代表取締役社長）
木村 友香（オープンワーク株式会社　社長室）

第2節　世界最大級の無形資産可視化データベースの活用：技術をめぐるヒトとカネの動きから投資機会を探る

I　テクノロジーは業界の枠組みを超えて未来を創る

われわれが迎えようとしている未来は，あらゆる業界，場面において，テクノロジーが生活を変えていく，というのが世界の共通認識になりつつある。脱炭素化の加速，新型コロナウイルス対策といった社会課題においても，その解決には技術が鍵を握る。

注目されるのは，「人々がより幸せな生活を送れるように」という提供価値を起点として，専門性や業界を超えた技術の進化となっている点である。技術を単独で，あるいは特定の領域内で評価するのではなく，社会にもたらす複合的な影響を考慮する必要がある。

投資運用の現場においても，企業価値を見ていくには技術に関する知見が必要との認識が広がっている。ただし技術の専門家に意見を聞いても，特定の技術に関して知ることはできても，技術を取り巻く将来のストーリーを描くのは難しいというのが実情であろう。

Ⅱ 世界193カ国，約7億件のデータベースから未来の方向性を見極める

そこでアスタミューゼでは，データドリブンでどのようなテクノロジーが各社会課題解決やインパクト創出に資するかを網羅的に解析している（図表3-2-1）。具体的には，特許や論文，グラント（科学研究費），スタートアップの情報など，世界193カ国，約7億件のデータベースを有し，これらの情報を組み合わせることで幅広いイノベーションの領域と，広い時間軸を捉えることができる。われわれはこれを「無形資産可視化データベース」と呼んでいる。

図表3-2-1 アスタミューゼが保有する無形資産可視化データベースならびに対応する領域・時間軸のイメージ

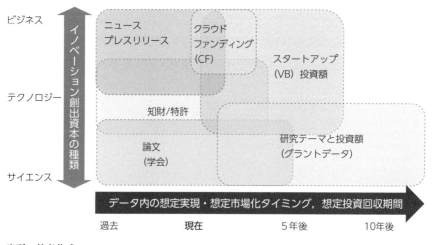

出所：筆者作成

ビジネスの前段階を捉えたい場合は，クラウドファンディング（CF）のデータが参考になる。CFの多くは対象となる研究開発が未着手である段階で資金を募る。どのような発想および提案が，どれだけの規模の資金を調達しているか，また誰が応援しているのか，などから潜在的な需要が見える。

さらに5～20年後に実現する可能性のあるテーマを知りたければグラントデータからアプローチする。グラントとは，社会的意義が大きいとされる研究

に対して配賦される助成金である。日本では科学研究費助成事業（科研費）などが該当する。このような公的研究資金の多くは，論文や特許になる前の研究提案に対して配賦される。どの大学のどの先生がどんな発想でいくら調達しているか，今どの段階まで研究が進んでいて，次のステップの課題は何か，いつの完成を目指しているか，などがわかる。まだ存在していない未来の技術の方向性や達成年代がうかがえるため，非常に重要な情報である。

Ⅲ　企業の中長期的な競争力に影響する特許データをスコア化

　データの中で最もカバー範囲が広い特許データについては，スコア化して活用している（図表3-2-2）。特許は原則として20年間独占排他権を持つため，競争力のある特許は企業のサステナビリティの内部的要素として評価できる。また，特許は平均して10年程度保有されるため，企業の業績や競争優位性の源

図表3-2-2　知的資本データスコアリング

Wants	幅広い企業を対象として知的資本の評価を行いたい	今後進展が見込まれる領域において，技術競争力を有する有望なプレイヤーを探索したい
Base	**全特許** 特許に関する基本的情報（出願・登録関連情報，引用・被引用情報等） **特長1**　財務データを含む他データと組み合せて活用可能　**特長2**　企業ユニバースの広さ（多さ）　**特長3**　時間的カバレッジの広さ	**各種領域**　× 有望成長領域　社会課題　脱炭素領域
Score	**総合技術力スコア** 技術優位性スコア　会社単位で技術の優位性を見るスコア 技術耐久性スコア　会社単位で技術の耐久性を見るスコア 技術ガバナンススコア　会社単位で技術ポートフォリオの集中度や占有率を見るスコア	**領域別技術力スコア** トータルパテントアセット　各社の特許ポートフォリオとしての総合的な競争力を計る指標として使用 パテントエッジスコア　競合他社に対して大きな脅威となりうる突出した特許（1件）があるかどうかの指標として用いる。 トータルパテントポテンシャル　価値が高い特許ポートフォリオとしての視点と，特許ポートフォリオの中に突出した技術があるかという視点で評価 トータルパテントパフォーマンス　価値が高い特許ポートフォリオを効率的に作れているかという視点で評価
Output	証券コードや業種も含めたスコアリング済データをご提供	

注：スコアリングのロジックはアスタミューゼ独自のもの
出所：筆者作成

泉を評価する上で十分な時系列データが捕捉できる。また研究開発投資の中間成果としての側面も持っている。

アスタミューゼの知的資本データスコアリングの一部を紹介したい（図表3-2-3）。まず，特許ごとの「強さ」を評価するスコアである「パテントインパクトスコア」を算出する。他社への排他権を軸として，さらに地理的な権利範囲，権利の時間的な残存期間，経済規模などによって重み付けしている。

特徴的なのは，経済規模，具体的にはGDPによって重み付けをしている点である。例えば先進国と新興国では経済の成熟度が異なるため，特許の価値にも差が出る。また損害賠償額のような財務インパクトも国や地域によって大幅に異なる。これらをスコア算出ロジックに組み込んでおり，経済活動へのインパクトを可視化している。

その上で，企業ごとに評価をまとめる。企業スコアとしては，総合的な競争力を計る「トータルパテントアセット」，競合他社に対して大きな脅威となりうる突出した特許があるかどうかという「パテントエッジスコア」，価値が高い特許ポートフォリオを効率的に作れているかという「トータルパテントパフォーマンス」などがあり，活用シーンに応じて最適なスコアを活用する。

このスコアの有効性を確認するため，TOPIX100銘柄企業に対し，当該スコアを知的資本の代替変数として用いた分析を実施した[1]。パネルデータの重回帰分析を実行したところ，すべてのスコアについて6〜10年経過後のPBR（株価純資産倍率）と正の相関を持つことが確認された。これにより，競争力の高い知的資本を保有する企業は，将来的に企業価値が向上する傾向にあることがわかった。

企業の研究開発投資，技術資産への投資は中長期的に企業価値を高めることが定量的にも可視化されたと言えるだろう。

---

1 柳良平・杉森州平（2022）「知的資本のPBRへの遅延浸透効果：「アスタミューゼスコア」と「柳モデル」の応用」『月刊資本市場』2022年2月号（No. 438）

第3章　ESGとオルタナティブデータ　65

図表3-2-3　アスタミューゼ「技術資産スコア」の遅延浸透効果

TOPIX100企業の「技術資産スコア」とPBR[*1]の関係

パネルデータ重回帰分析（対数変換）[*2]：

$$\ln(PBR_{ci}) = \alpha + \beta 1 \cdot \ln(ROE_{ci}) + \beta 2 \cdot \ln(ESG\ KPI_{c(i-t)}) + \mu_{c(i-t)}$$

表内の数値は回帰係数[*3]，赤枠内が有意水準5％で有意となった結果の値。

表内の色　p値；回帰係数　<0.1；>0　<0.05；>0　<0.01；>0　<0.1；<0　<0.05；<0　<0.01；<0

技術資産スコア	分析対象企業数[*5]	遅延浸透効果（何年後に相関するか）																		
		0	1	2	3	4	5	6	7	8	9	10	11	12	13	14	15	16	17	18
トータルパテントアセット	52	-0.04	-0.03	-0.03	-0.03	-0.02	0.00		0.02	0.02	0.02	0.03	0.00	-0.01	-0.01	-0.01	-0.01	0.05	0.06	0.06
パテントエッジスコア	62	-0.13	-0.18	-0.25	-0.19	-0.13	0.00	-0.01	0.10	0.22	0.26	-0.03	-0.04	-0.36	-0.27	-0.10	0.09	0.10	0.07	-0.15
トータルパテントポテンシャル	52	-0.04	-0.03	-0.03	-0.02	-0.02	-0.01	0.01	0.01	0.01	0.02	0.01	0.00	-0.01	-0.01	-0.01		0.05	0.06	0.04
トータルパテントアセット（調整）[*4]	62	-0.03	-0.03	-0.03	-0.02	-0.02	-0.01	0.01	0.02	0.01	0.02	0.01	0.01	0.00	-0.01	-0.01		0.00	0.01	0.04
トータルパテントポテンシャル（調整）[*4]	62	-0.02	-0.02	-0.02	-0.01	-0.02	-0.01		0.01		0.01	0.01	0.01	0.00	-0.01	-0.01		0.00		0.02

「技術資産スコア」を用いたパネルデータ重回帰分析結果（対数ベース）から，分析結果の回帰係数を表中に記載。「技術資産スコア」が有意な相関を持つ（有意水準5％）結果のみ太枠で記載

注：

*1　Price Book-value Ratio 株価純資産倍率

*2　α：ROEでもESG KPIでも説明できない，PBR上昇の影響要素，β1：ROEとPBRの関係性の強さを示す値，β2：ESG KPIとPBRの関係性の強さを示す値，ESG KPI：Environment（環境），Social（社会），Governance（企業統治）に関するKey Performance Indicator（重要業績指標）であり，当分析では「技術資産スコア」を活用，μc (i-t)：回帰式で推定されるPBRと実際のPBRとの差分，c：分析対象となる企業，i：分析対象となる年度，t：遅延浸透効果の年数

*3　説明変数であるESG KPI（技術資産スコア）と被説明変数であるPBRの関係性の強さを表す指標

*4　「トータルパテントアセット」と「トータルパテントポテンシャル」は，性質上「0」と評価される場合がある。一方で，分析に使用した回帰式は対数変換しているため，「0」を取り扱うことができない。そこで，全企業のスコアに対して「1」を加算し，「0」が発生しないよう調整した指標でも分析を実行した

*5　「技術資産スコア」の種類によって分析に使用できる企業数が異なるため，スコアごとに分析対象企業数に差異が存在する

出所：柳・杉森（2022）

Ⅳ　専門家の知見とデータを組み合わせて有望成長領域を定義し，社会へのインパクトを分析可能に

　では「どの技術が，いつ，どのようなイノベーションを起こすのか」といった問いに答えるためには，膨大なデータをどのように扱えばよいだろうか。バラバラな技術情報だけがあっても，社会への影響を測るのは難しいことは想像に難くない。

　そこでアスタミューゼでは，無形資産可視化データベースから導き出された結果に，さまざまなバックグラウンドを持つ専門家の知見を加え，有望成長領域を定義している。それぞれの技術情報に領域のタグ付けをすることで，分析に活用している。

　有望成長領域は今後10〜20年のスパンで大きく成長が見込める技術や事業領域，基礎研究を抽出し，さらに，すでに実用化され，大きな経済効果を生み出しながら進化を続けている最新技術やサービスを加味して策定している。現状，8の大分類，136の領域から構成されている。この分類は研究開発動向やビジネス動向の変化によって，年1回，定義式の見直しや分類テーマの差し替え，市場の追加などを行っている。また，有望成長領域と同様に，社会課題を起点としたもの，脱炭素技術を起点としたもの，ネイチャーポジティブ領域を起点としたものなど現在注目が集まっているさまざまなテーマについて，領域を定義している。

第3章　ESGとオルタナティブデータ　67

図表3-2-4　「未来を創る成長領域136」と「未来に向けて解決すべき社会課題105」

未来を創る成長領域136	未来に向けて解決すべき社会課題105
・世界のイノベーション投資情報を活用して成長領域ごとにクラスタリングして産業を再定義 ・ビジネス視点で多様な技術トレンドの波を重ね合わせつつ独自の目利きで整理	・どのようなテクノロジーが各社会に結びつくかを整理 ・具合的なビジネスに結びつく可能性が高いもの，且つビジネスとしての広がりが見込めるものを優先してピックアップ

A. エネルギー　B. 医療・健康　C. モビリティ・ロジスティクス

D. 航空宇宙・海洋開発・地球環境　E. 食・農・土壌・水　F. 都市・空間・住宅

G1. 生活・文化・情報　G2. エンタメ・スポーツ・ゲーム

1. 「都市化」に関する社会課題の解決（18）
2. 「資源の枯渇」に関する社会課題の解決（14）
3. 「少子高齢化・人口増加」に関する社会課題の解決（19）
4. 「地球温暖化・環境汚染」に関する社会課題の解決（18）
5. 「科学技術の飛躍的進歩」に関する社会課題の解決（25）
6. 「社会の多様化・先進化による人権保護」に関する社会課題の解決（11）

SDGs

注：有望成長領域に基づいた未来予測は，川口伸明（2020）「2060未来創造の白地図〜人類史上最高にエキサイティングな冒険が始まる」および川口伸明（2024）「2080年への未来地図」（どちらも技術評論社）を参照
出所：アスタミューゼ作成

V 技術資産スコアや領域定義をファンド組成などに活用

上述の技術資産スコア，技術領域の定義の活用シーンの1つとして，ファンド組成が挙げられる。例えば，あるテーマにおいて高い技術力を持つ企業に投資するファンド，社会課題解決に資する企業に投資するファンド，など多様な切り口が考えられる。

図表3-2-5　非財務データを活用したファンド組成支援

ファンド組成フロー		所要期間
コンセプト ヒアリング	▶ 社会課題解決への取組み，有望技術領域の テーマ投資など，想定される運用コンセプトを 伺います。	*見積期間 1ヵ月〜 1.5ヵ月
データ・スコア の提案	▶ コンセプトの実現につながる技術データ・ スコアの活用についてご提案します。	
ポートフォリオ 構築支援	▶ 技術データ・スコアを組み込んだポートフォリオ モデルをディスカッションしながら構築 します。	*実施期間 1年 *以降1年 更新
検証・改善支援	▶ 技術データ・スコアを提供 ▶ バックテストを重ねながら，モデルの有効性を 検証し，改善を加えていきます。	
データ提供	▶ Presetデータを提供 ▶ 定期MTGによるQ&A分析サポート 　　　　*データ提供のみも承ります。	

出所：アスタミューゼ作成

運用プロセスの構築にあたっては，まず想定するファンドコンセプトに応じて，評価対象とするユニバース（地域・銘柄数・時間軸等）を設定する。その上で，業種特性，バリューチェーン上の立ち位置，領域のモメンタム・ハイプサイクル推定などを考慮し，銘柄選定の基準等についてすり合わせを実施する。領域ごとに銘柄評価の方法を決め，運用プロセスとして構築していく。さらにバックテストを重ねながらモデルの有効性を検証し，改善していく。

他にも，リサーチ部門において非財務・オルタナティブデータを組み合わせることにより，多面的・有機的な銘柄評価・分析を行うケースや，ファンドの

販売用資料や特設サイトなどのディスクローズにおける客観データに基づいたストーリーテリング，企業の非財務情報を活用した多角的なエンゲージメント活動，インパクト評価といった場面において活用されている。

　東京証券取引所は，2023年3月にプライム市場・スタンダード市場に上場する企業に対して，「資本コストや株価を意識した経営の実現に向けた対応」を要請すると発表した。上場企業の半数以上がPBR1倍割れ，ROE8%未満という厳しい現状を踏まえ，事業会社に対し，抜本的な意識改革と経営方針の見直しが求められている。また，投資家においても，社会的な機運の高まりを受け，割安銘柄に投資して企業との対話を通じて価値向上を狙う「エンゲージメント型投資信託」も運用されるようになりつつある。ただし，非財務・無形資産情報は共通尺度がない中で，評価が非常に難しいテーマであり，PBRは重要な指標ではあるものの，必ずしもPBRだけで企業価値を評価するのは十分でないという認識が広がりつつある。データドリブンでロジックの透明性と説明力を担保しながら，企業価値を可視化していくことが求められるだろう。

　　　　石川 洵哉（アスタミューゼ株式会社　投資運用支援事業本部　本部長，投資助言責任者）

第4章

不動産・位置情報とオルタナティブデータ

第1節　衛星データを活用したオルタナティブデータの可能性

I　衛星データの種類と現状

　衛星データとは，地球観測衛星のさまざまなセンサーから得られる地表面に関する情報のことである。その種類は多岐にわたり，それぞれに特徴や用途がある。政府が策定した宇宙基本計画においても，宇宙の利活用によって解決される社会課題が挙げられており，その中でも衛星データの利活用は重点課題の1つである。

図表4-1-1　宇宙基本計画に記載された宇宙を活用して解決すべき多様な社会課題

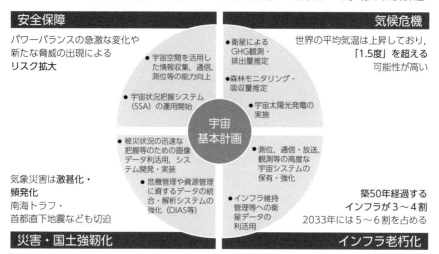

出所：スペースシフト作成

光学衛星とSAR衛星の違い

　光学衛星とは，太陽光や地球からの放射光を捉える光学センサーを搭載した衛星である。光学センサーには，可視・近赤外センサー，熱赤外センサー，ライダーなどが存在する。可視光では一般的な衛星画像を取得することができ，地表の色や形，温度，高さなどを観測できる。例えば，植物の分布や海面温度，火山活動や山火事の状況などを知ることができる。ただし，光を用いるため，上空に雲がある場合や夜間は観測が制限される。

　SAR衛星とは，合成開口レーダー（Synthetic Aperture Radar：SAR）と呼ばれる電波を放射し，その反射波を捉えるセンサーを搭載した衛星のことである。SAR衛星は自ら電波を発信するため，昼夜を問わず天候に影響されることなく観測でき，地表面の凹凸やミリ単位の変化，水分量などを観測できる。例えば，地震や火山による地形の変化の検知，森林伐採や浸水地域の特定などさまざまな用途がある。

　これまで，光学衛星やSAR衛星としては，政府機関が中心となって打ち上げ・運用する，重量が数百kgから数トンに及ぶ高性能な大型衛星が活用されてきた。大型衛星は高解像度や高感度のセンサーを搭載できるため，詳細な観測が可能である。しかし，その反面，開発費や打ち上げ費用が高く，打ち上げの機会も限られるというデメリットがある。

　一方，近年では，重量が数kgから百kg台程度の超小型衛星と呼ばれる小さくて軽い人工衛星の活用が，各国の宇宙ベンチャー企業によって活発に行われている。超小型衛星は低コストで多数打ち上げることができ，観測頻度の向上や最新技術の搭載など，新たなアプリケーションの創出に有利な特徴を持つ。これらの衛星を10〜40機程度打ち上げて協調させて運用する「コンステレーション」（英語で星座の意，編著者注：人工衛星の一群・システム）の構築が進んでおり，1日数回地上の同一地点を観測できる高頻度な観測が可能になりつつある。しかし，超小型衛星は性能や寿命，観測能力において制限がある。

　単独の衛星やコンステレーションのみではユーザーのニーズを満たすことは難しく，アプリケーションに合わせた観測精度や観測頻度を確保するために，

図表4-1-2　光学衛星とSAR衛星の長所と短所

光学衛星
通常の写真と同様に太陽を光源として撮像

長所
- フルカラー画像のため直感的に対象物の判別が可能
- SAR衛星よりも衛星の数が多い
- 高解像度（1ピクセル当たり0.3m〜）

短所
- 雲に隠れた対象物は画像上で不可視
- 夜間に撮影できるのは都市部の明かりのみ
  ＝実際に観測できるのは全球の25％程度

SAR衛星
衛星自ら電波を照射し，その反射情報から地表面を観測

長所
- 曇天時・夜間，24時間365日撮影が可能
- 対象物の構造や材質等の特定可能
- 高解像度（1ピクセル当たり1.0m〜）

短所
- 対象物の反射波を用いて画像を作成するため，モノクロ画像であり，直感的に画像判読が困難
- 衛星の数が少ない
  ＞今後複数のレーダー衛星コンステレーションの計画あり

出所：スペースシフト作成

最適な組み合わせが必要となる。スペースシフトでは，世界中の利用可能な衛星を組み合わせ，1つの仮想的なコンステレーション（編著者注：人工衛星の一群・システム）として扱う「バーチャルコンステレーション」の構築に必要なソフトウェアを，AIを活用して開発している。

Ⅱ　衛星データの活用事例

　衛星データ利用市場は2020年代後半には1兆円を超える規模に成長すると予想されており，さまざまなアプリケーションの開発が期待されている。スペースシフトの事例では，すでに電力会社などのインフラ系企業による設備管理に衛星データが活用されており，地上の測量を衛星データによる解析に置き換える動きが出ている。また，ゼネコン企業では施工後の健全性モニタリングや建設予定地の地盤変位の経年的な確認など，衛星データの活用シーンが拡大している。

　さらに，衛星データは浸水害や地震による被害状況の把握など，災害への応用も進んでいる。スペースシフトでは衛星データによる浸水域検出アルゴリズムを開発しており，トヨタ自動車との共同研究を通じて，衛星データの解析結

第4章 不動産・位置情報とオルタナティブデータ　73

図表4-1-3　衛星データと地上データを組み合わせた浸水域の検知精度向上

時間分解能と住宅街などの**浸水深判定精度の向上**に向けた取組み

トヨタ自動車様との協業：車両通行データ（通行実績）との合成
浸水域の手前でのUターンや，浸水により通行量が大幅に低下している道路を検出
AIによる浸水域判定結果と合成
① 衛星の機数・撮像頻度により被害状況の把握が難しい時間帯のカバー
② 住宅地などのSAR衛星での検出精度が悪化しやすいエリアの精度向上

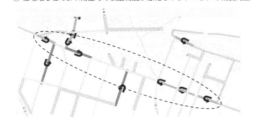
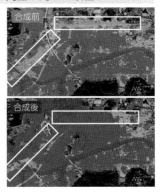

出所：スペースシフト作成

果と自動車の通行実績を組み合わせることで，市街地の浸水域をより正確に把握し，損保会社の支払業務の効率化や自治体における災害対策に貢献することを目指している。衛星データの活用は今後もさまざまな分野で進み，社会課題の解決や新たな価値の創造に貢献していくと期待される。

　その他，農業モニタリングにより，農作物の流通やマーケティングに活用したり，都市の広がりや，工場の稼働状況を従業員駐車場の車の台数などによりモニタリングしたりすることで，各業界や企業の活動の将来予測に役立てることが可能になる。このように衛星データの適用範囲は多岐にわたり，オルタナティブデータとしての活用が期待されている（図表4-1-4）。

図表 4 - 1 - 4　衛星データの特徴と主な応用分野

出所：スペースシフト作成

Ⅲ　衛星データを活用したオルタナティブデータの可能性
1　不動産の需要予測

　最後に，衛星データを活用したオルタナティブデータの可能性を探っていきましょう。スペースシフトでは，衛星データにより新規に建設された建物を自動的に検知するAIアルゴリズムの開発を行っている。このアルゴリズムではSentinel 1という欧州の宇宙機関（ESA：European Space Agency）が管理運用する大型SAR衛星のデータを用いて，地球全体を12日に1回更新することが可能である。図表 4 - 1 - 5 は米テキサス州オースティンの2015年から2021年にかけての 6 年間の変化を抽出した事例。

　テキサス州では法人税の撤廃など大幅な税制優遇により近年人口流入が増加しており，さまざまな不動産需要が生まれている。この事例では宅地造成された地域に住宅が建つ様子が確認できており，このような建設の進行状況や都市の拡大傾向について，米国全土を対象に把握することで，各地域の不動産需要の予測が可能になる。すでに現地の不動産関連企業やREIT，ヘッジファンド等の投資家からも強い興味が寄せられており，高頻度な全米規模の不動産変化の貴重なデータとしてさまざまな利用が見込まれている。また同じデータは建設業界にとっても需要予測のための重要な指標であり，営業活動や重機の配置

第4章 不動産・位置情報とオルタナティブデータ　75

図表4-1-5　SAR衛星データによる住宅街の広がりを検知した事例

出所：スペースシフト作成

の効率化などに活用されている。

2　コモディティの値動き予測

　農業モニタリングの事例でも，これまでは穀物類などコモディティの値動き予測などを中心に衛星データが活用されてきたが，より面積単価の高い商品作物や生鮮野菜のモニタリングを行うことで，流通の最適化やマーケティングへ応用するなどの動きが出てきている。スペースシフトが技術提供をしている，電通とJAXAの取組み「人工衛星データ活用による広告の高度化を通じた需給連携事業」[2]では，衛星データを用いてキャベツの生育状況を把握することによって，長期的な価格予測を可能にし，価格が下がるタイミングで調味料商材のCMを大量に投下することで，調味料メーカーの売上拡大を見込んでいる。また，需要と供給の連携を行い，サプライチェーンを最適化することで，食品ロスの低減など，SDGs達成にも貢献することを目指している。

2　https://aerospacebiz.jaxa.jp/solution/j-sparc/projects/dentsu/

このように，衛星データを解析することで得られるさまざまな変化情報は，オルタナティブデータとしての大きな可能性を秘めており，われわれのような衛星データ解析技術を提供する立場では想像しえない利用方法が，データユーザー側から発掘されることで，マーケットフィットが加速し，より大きなインパクトを生むことになると確信している。

超小型衛星コンステレーションを中心とした衛星観測網の充実は今後3〜5年で加速すると見られており，2020年代後半には，利用可能なSAR衛星すべてを組み合わせれば，200機以上が利用できることになり，5〜10分ごとに世界の主要都市を観測することも可能になる。インターネットと同様に，衛星データが加速度的に活用される社会がまさに到来しようとしている。オルタナティブデータのユーザーであるアセットマネジャーやアセットオーナーが，より衛星データに関心を寄せていただくことにより，その最適な組み合わせを日本から世界へ広め，新たな市場を形成していけると期待している。

金本 成生（株式会社スペースシフト　代表取締役）

第2節 「勘」による不動産の評価を脱却！
　　　位置情報データが起こす不動産DX革命

2020年初頭から世界的に感染が拡大し，さまざまな悲劇や問題を引き起こした新型コロナウイルスは，一応の収束をみせている。しかしコロナ後の人々の生活や考え方・習慣にも大きな変化をもたらしたと考えられる。

特に大きな転換の1つとして，人の移動にまつわるデータの活用に対する意識の変化があるだろう。緊急事態宣言の発出等により，人の流れが大幅に変化する未曾有の状況を前にして，今までは当たり前だった「ここは観光客が多い」「土日は人通りが増える」というような，経験則が全く通用しなくなってしまった。

そのため，人々の実際の動きの変化を把握するための手段として，「位置情

報データ」というオルタナティブデータが脚光を浴びるようになった。さらに，毎日のワイドショーで「本日の渋谷スクランブル交差点の人流は，昨日比何％増です」といったニュースが流れるようになったことも，「位置情報データ」が広く世間に知られる後押しになったといえるだろう。

　筆者の所属するブログウォッチャーはこの激動する世界の中で，位置情報データを用いてさまざまな事象を紐解いてきた。

　その中から本節では，「不動産業界への位置情報データ活用」という文脈にフォーカスして紹介する（なお，以下事例にかかる部分については2022年4月のデータを使用している）。

I　不動産業界に押し寄せるDXの波

　「不動産業界」と聞くと，難しくレガシーな業界という印象を受ける方も多いかと思われる。

　一方，世間ではさまざまなやり取りが電子化しはじめるなど，データ活用が当たり前になりつつある。何より，これからの時代を担うデジタルネイティブな世代は，データによる明確なエビデンス提示がなされないと，取引そのものに不信感を抱くことも少なくない。そして，そのような状況を打破すべく，各企業がDXを掲げてデータ活用を推進しはじめている。

　変革の時を迎えた不動産業界において，位置情報データという人の移動のビッグデータを元に，不動産業者の業務のDXを推進している事例を紹介したい。

II　位置情報データとは

　ブログウォッチャーは，2017年頃より位置情報データの取得・蓄積から分析・広告活用まで，一気通貫で提供している。ただし「位置情報データ」と一言で表しても，実は多くのデータがあり，それぞれ特徴や優れている点が異なる（図表4-2-1）。

図表4-2-1　位置情報データの種類

取得方法	データ特性			データホルダー各社の特徴			
	データ量（網羅性）	空間的精度	時間的連続性	ブログウォッチャー	広告系A社	通信系B社	SDK系C社
ビッドリクエスト 広告が表示される際に位置情報などを取得	◎	× 市区町村	×		✓		
通信基地局 基地局と端末の距離から位置情報を推測	○	△ 数百m	◎		✓	✓	✓
GPS 衛星からの信号により位置情報を取得	○	○ 数〜数十m	◎	✓	✓		✓
Wi-Fi 設置されたWi-Fiから位置情報を推測	△	◎ 〜数m	○	✓		✓	
ビーコン 実機を設置し，信号を使って位置情報を取得	×	◎ 〜数m	△	✓			

出所：ブログウォッチャー作成

　例えば，GPSデータは，衛星から取得される位置情報であり，時間的・空間的な網羅性の高さに優れている。しかし，数メートル〜数十メートル程度の誤差が生じることや，屋内での計測には適していないなどの特徴もあるため，収集する際は空間的精度に優れたWi-Fiやビーコンを併用して，互いの長所を活かす方法を採用している。

　ブログウォッチャーはこのビジネス価値の高い位置情報データを，月間3000万MAU（Monthly Active User：月間アクティブユーザー数），450億レコードという，業界最大級の規模で保有している。

　なお，位置情報データを活用する際に非常に重要になるのが，プライバシーの保護だ。位置情報を提供いただくユーザーと，活用いただく企業の双方に安心いただけるよう，データの取得・管理・活用の各プロセスにおける透明性を

担保し，持続可能な運用を続けることが必要になる。

　ブログウォッチャーの場合，具体的には，位置情報を取得する際にすべての
ユーザーに活用範囲の明示を行い，許諾を得た方からのみ，位置情報データを
許諾範囲に沿って取得している。取得するデータには，いわゆる個人情報は含
まれない。また，汎化加工と呼ばれる処理を複数回施し，特定の個人が識別さ
れるリスクを限りなく低減した上で活用すること等を実施している。

　その他にも，こうしたプライバシー保護の動きを広げるために，LBMA
Japanという業界団体に発足時から携わり，業界価値の向上のために積極的に
活動している。

Ⅲ　不動産業界における活用事例

　不動産業界といっても，さまざまな業態が存在する。不動産開発もあれば，
売買や賃貸などの不動産取引，さらには投資なども含まれ，すべてを合計する
と数十兆円にも上る，国内でも最大級の業界市場規模を誇る。

　しかし，この不動産業界のどの業態においても，共通して行われている業務
がある。それは「不動産を知る＝調査する」という業務だ。

　どのような業界であっても，自分の商売道具を熟知する必要があるが，不動
産は場所に紐付くというその商品特性上，同じものは2つとして存在しない。
そのため開発業者は，開発用地選定のために徹底的に候補地を調査する。また，
仲介業者はお客様にメリットとデメリットを説明するために，その物件周辺を
調査する。投資の場合はもっとわかりやすく，資産性の確証を得るためにエリ
ア調査を行う。

　従来これらの業務は，非常にアナログで属人性が高く，不透明なものとして，
実施されてきた。物件の概要程度であれば，登記情報などから知ることができ
るが，実際にそのエリアがどのような雰囲気なのか，どういった人が多いのか，
といった情報は地道に収集するしかない。

　多くの不動産業界の企業は，自社で保有する過去の契約者データを調査に用
いることはできるが，母数が限られ，エリアやユーザー層に非常に偏りが生じ

てしまう。結局，どの企業も労働集約的な手法により，時間をかけてさまざまなデータをかき集めて形にしているものの，結果として毎回同じような調査結果がまとめられているようなことも珍しくない。

そこでブログウォッチャーは，自社で保有する3000万MAUの位置情報ビッグデータを用いることで，こうしたエリア調査を，誰もが簡単に，高いクオリティで行える状態を目指して，プロダクト開発を行っている。

調査対象エリアでは，どこからどのようなユーザーが来訪しているのか，夜間の人通りはどれくらいなのか，性別年代層はどのように変化しているのか等を，高い解像度で分析できるデータを提供することで，不動産業界の業務をより円滑に進められるよう日々改善を重ねている。

位置情報のデータ不動産業界への事例：開発エリア調査のデジタル化

不動産デベロッパーや建設コンサル企業は「まちづくり」と呼ばれる大規模な開発業務を行っている。一方，この開発作業の裏には，日々無数に存在する開発候補地を調査し開発効果の評価を繰り返すという，まさに「千三つ」と呼ばれるような業務が存在している。

これらの膨大なコストや時間を必要とする調査業務を位置情報データを活用することでデジタル化し，コンパクトに最適化することができるだろう。

例えばブログウォッチャーでは位置情報データやそれを加工したODデータを用いることで，単純な人の移動だけでなく「指定したエリアに居住する人のデモグラフィックデータ」や「生活圏の表示（勤務地や引越し元などの統計表示）」や「行動傾向の表示（移動手段や趣味趣向の判定）」といったものを提供している。

また，データを用いる利点として，ダッシュボード的に動的に定量変化を見られる点や，地図への落とし込みなど視覚的にデータを提示することで直感的に理解が進みやすいこともあるだろう（図表4-2-2）。これらを用いることで，開発エリア調査業務のデジタル化を推進している。

図表4-2-2　エリア調査ダッシュボードの一部画面の例

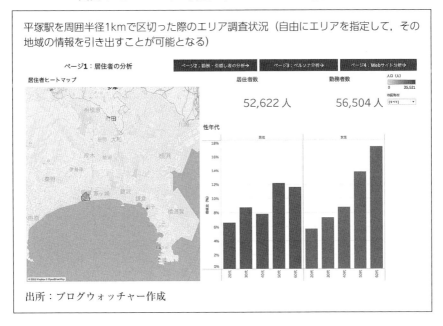

出所：ブログウォッチャー作成

Ⅳ　結び

本節では位置情報データの不動産業界における活用の観点から，一部の事例を紹介した。

冒頭にも記載のとおり，不動産業界はDXの推進が今まさに叫ばれている業界の1つだろう。不動産業界のDX推進に取り組んでいるわれわれは，「位置情報データ」というオルタナティブデータが発揮する価値の可能性は，無限大にあると感じている。

しかし，同時に，位置情報データだけでは，不動産業界の革命は達成されない。今後，さらに多様なオルタナティブデータと組み合わせることで，より多くの価値や，今まで見えなかったファクトが見えてくるはずであると考えている。

不動産業界以外にも，広告や観光，小売，都市計画といったさまざまな領域

で位置情報データの活用が進んでいる。生活を便利にし，さらにビジネスの意思決定を加速する「位置情報データ」の今後に，ぜひご期待いただきたい。

小林 樹杏（株式会社ブログウォッチャー　ADセールス事業部 ビジネスインキュベーションチーム）

第5章

メディアとオルタナティブデータ

第1節 「TVメタデータ」によって可能になるトレンド・シグナル
の可視化

I 「TVメタデータ」とは

「メタデータ」とは，データそのものではなく，元のデータの属性や概要を
記述したデータのことである。例えば，電子書籍であればタイトルや出版社，
著者名，作成日，あらすじなど，楽曲であればアーティスト名，アルバム，作
曲者，ジャンル，トラック番号，歌詞，発表日など，元となるコンテンツや
パッケージのサマリーやタグ情報などを記述したものが「メタデータ」に該当
する。こうした「メタデータ」を利用することで，元となるデータの内容をす
べて閲覧しなくても，その概要を把握することが可能になる。

「TVメタデータ」は，テレビで放送された内容を要約し，主要な属性ごとに
記述・正規化されたデータベースである。「TVメタデータ」を利用すれば，テ
レビで放送された内容を統計的な分析にかけることが可能になる。

オルタナティブデータとしてさまざまなデータの利用が進む今，テレビの放
送内容をまとめたこの「TVメタデータ」の活用が注目されている。本節では，
「TVメタデータ」の活用例と可能性について紹介する。

II 「TVメタデータ」が持つ3つの特徴とは

エム・データの「TVメタデータ」には，次の3つの特徴がある。

① テレビの放送内容をまとめた「業界標準」データである

② 統計データとしての「品質・蓄積・可用性・速報性」がある

③ 「実績・評価」があるプロバイダーが提供するデータである

1 テレビの放送内容をまとめた「業界標準」データ

「TVメタデータ」は，テレビ局をはじめ放送・広告・マーケティング業界で広く使用されている業界標準データである。関東の民放各局と大手広告会社の出資を受けたエム・データでは，各テレビ局で放送されたテレビ番組やTV-CMを，テキスト・データベース化して「TVメタデータ」を構築している。

2 統計データとしての「品質・蓄積・可用性・速報性」

「TVメタデータ」は，100名超の専任オペレータが地上波テレビと主要BS局で放送されたTV番組，TV-CMを，24時間365日体制で視聴しながら逐次記録し，テキスト化・正規化したデータベースである。

放送されたすべての番組，TV-CMを，話題やコーナー，TV-CM単位で細分化し，秒単位のタイムスタンプで区分，その番組名，コーナー名，提供スポンサー，出演者，テロップ（スーパー），ナレーション，放送内容（要約），紹介された企業名，ブランド名，商品名，店舗などをフォーマットに合わせて分類し，記録し続けている。

さらに人物，企業，商品・サービスブランド，番組名などの固有名詞を辞書化し，位置情報や商品情報，店舗情報，企業名や商品名，サービス名であれば，例えば連結対象の親会社の銘柄を含めた証券コードなどの二次的情報もマスター化して付与することで，他のデータベースとの連携利用を容易にしている。

これにより，例えば証券コードや企業名，製品名，サービス名，あるいは話題のトピックやテーマの名称などで検索，抽出することで，さまざまな意図に合わせた集計，分析などの二次利用が可能となる。すでに20年近い同一基準で構造化されたデータアーカイブがストックされており，例えば，株価のトレンドに重ねたバックテストなどを行うことも可能である。

また，更新頻度も最短でオンエア数分後からのデータ利用が可能であるなどスピードに優位性があり，速報性，高頻度，詳細粒度，多岐にわたる情報のカバレッジ，集計の容易度，過去遡及，定型規格，定性情報の定量化，他データの統合性など，独自性の高いオルタナティブデータと言える。

3 「実績・評価」があるプロバイダーが提供するデータ

「TVメタデータ」は，日本のテレビ放送の標準記録統計データとしてすでに多くの企業・団体で活用されており，テレビ局（キー／ローカル各局）のほか，広告／調査／コンサル／広告スポンサー（メーカー），ネット系企業／アプリ／デジタルサービス，テレビデバイス，分析ツール／データクラウド／DMP（Data Management Platform），一般企業，団体など，多様なユーザーが活用している。

Ⅲ　オルタナティブデータとしての「TVメタデータ」の可能性

「TVメタデータ」を用いることで，データ分析にテレビの放送内容を加えることが可能になる。オルタナティブデータ活用の重要性に注目が集まる今，特に金融業界にとってテレビの放送内容からどのような可能性が得られるのかについて，以下見ていきたい。

1　テレビを「株式銘柄別の情報量計測手段」として使う

テレビといえば視聴率に注目が集まる。放送されたテレビのコンテンツを，どのような属性の集団が，どのくらいの量，どのような態度で見ていたのかといったテレビの視聴に関わるデータは，実際にテレビのコンテンツに接触したクラスターに対して何らかのアクションを行ったり，それをフィルタリング条件として次の施策を行ったりといったマーケティング・キャンペーンの運用面においては極めて重要である。

このように，テレビの価値をその直接視聴者に限定した場合，視聴率は，広告媒体としてのテレビの接触規模を評価し，広告費用の算出根拠として用いる

ことにも有用である。

一方で，テレビという媒体が放送したコンテンツそのものの価値を評価する考え方がある。それはテレビで放送された「情報」の持つ，社会学的，あるいは統計学的な評価である。

金融業界におけるオルタナティブデータとしてのテレビデータの活用は，テレビの直接視聴者に重点を置いた視聴率による媒体評価ではなく，テレビを「日本の大手報道機関が取材・編集・要約した株式銘柄別の情報量の統計的な計測手段」として利用するところから始まる。

2 「MECEであるテレビ放送」は情報量の計測に理想的な手段

ロジカルシンキング（論理的思考）において基本とされている概念であるMECE（"Mutually Exclusive, Collectively Exhaustive"），すなわち「モレなく，ダブりなく，全体が包含されている状態」は，テレビ放送と非常に親和性が高いと言える。テレビが情報量の統計的な計測手段として有用である理由を，このMECEの観点から具体的に見ていく。

① 「包含性」

テレビの放送時間（24時間）と放送局数（NHK＋5民放＋BS）には上限がある。テレビ放送から得られる情報量は放送時間に換算すると有限であり，常に一定の総容量の中で全体が包括された状態にある。これは，例えば株式銘柄単位で情報量の相互比較をしたり，時系列単位でトレンドの評価をしたりする上で極めて有用である。

② 「網羅性」

テレビの放送は，それぞれに重複しない独立した機関である日本の大手報道機関系列の放送局により運営されており，日本を代表する全国規模のすべての大手報道機関が網羅されている状態にある。

③ 「総括性」

テレビの番組は，独立した各放送局が独自に取材編集した内容を，時々の情報価値，視聴者の興味価値，報道の優先価値が高いものなど合理的な編成基準

から選定されたものをその重要度に合わせて放送し続けることで，放送データにはその時々の社会の興味，関心，話題の総体が適切に配分され記録されていると評価することができる。

以上のように，テレビはMECEの要件を満たしており，日本国内に流通する情報量の計測手段として有用であると考えられる。

3　株式銘柄別の「情報量を抽出・集計」する

「TVメタデータ」の総体は，日本国内に流通する情報量の総体（＝情報総量）とみなすことができる。このテレビの全放送記録（情報総量）の中から，例えば特定の株式銘柄別の放送データを切り出していけば，銘柄別の情報量を特定することできる。これで他の銘柄との比較や，時系列での変化を検証すれば，銘柄別の情報量インデックスとして活用することが可能になる。

特定の株式銘柄や，さまざまなトピック，テーマなどの情報量とその変化，情報の露出が継続する期間を定量的，定性的に計測できるので，既存の財務データ分析に情報量という新たなディメンションを加えることが可能になる。

「マーケットでは何が起きるのか」「業種別の情報量の変化はどうか」「情報量の変化に敏感な銘柄とそうでない銘柄には違いがあるのか」「予兆段階から暴騰までのマーケットサイクルの中で，『情報』は量的に，質的に，どのような変化，傾向を見せるのか」といった点について，「TVメタデータ」から得られる銘柄別の情報量の変化を分析することで示唆を得ることが可能になるのである。

Ⅳ　「TVメタデータ」によるトレンドの可視化

次に「TVメタデータ」を企業の投資判断に活用する例を具体的に見ていきたい。図表5-1-1は，ソニーグループ（東証6758）のテレビでの情報量と株価の時系列推移を表したグラフである。

88　PART Ⅱ　10社が語るオルタナティブデータの活用最前線

図表5-1-1　ソニーグループのTVトレンドと株価

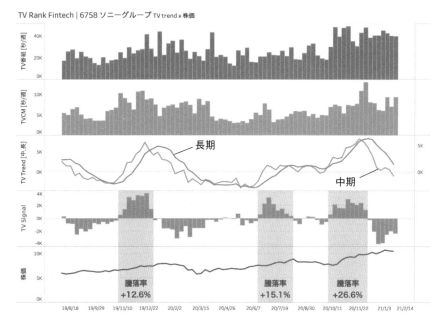

出所：エム・データ　ライフログ総合研究所作成

　いちばん上の棒グラフはソニーグループの企業，ブランド，製品に関連したすべての情報の週当たりのテレビ番組露出秒数，上から2つ目の棒グラフはソニーグループのテレビCM露出秒数，3つ目の折れ線グラフは番組CMの情報量を中期と長期のトレンド（移動平均）に置き換えたもの，4つ目は情報トレンドの中期線と長期線の差分，いちばん下の太線はソニーグループの株価（週の終値）である（中期と長期の期間設定は，当社独自にパフォーマンスのフィッティングポイントで設定）。

　網掛けのエリアで示したのは，中期線が長期線を上回る情報トレンドの上昇期間である。3つある情報トレンドの上昇期のうち，最後の2020年10月から始まる上昇期は9週間続き，この期間内では26.6％の株価の上昇が見られたことが示されている。

この上昇期前は約200件だった週当たりのソニーグループの番組露出は，この上昇期間中には週平均300件と，約50％も増加している。この期間の情報増の主な要因はソニーグループが出資するアニメ映画の全国公開であるが，それ以外にも他の洋画，映画と同じIPビジネスである音楽コンテンツ，ソニーのコアビジネスであったエレキ関連，イメージセンサー，半導体，収益の他方の柱である金融系，新規事業になるEV関連など，多彩なトピックが取り上げられている。

　また，9週間の間に例えばアニメ映画の全国公開の話題も，予告編を使った番宣的な紹介（映画の公開というファクトの紹介）から，「声優のトーク」や「泣けるシーンの魅力」など細部や裏話といったより深い内容（話題の深化），さらに「チケット予約が困難」，「作品に類似のスポットが聖地化」といった局所的なブームの発生（バズの拡大），便乗グッズやイベントの紹介（参加・体験機会）など，ファクトの伝達から始まった情報に徐々に人々が巻き込まれていく状況の描写へとその質が変化していく。

　さらに，劇場公開を迎えた後は「数字」が畳み掛けてくる。「単館で1日42回も上映」，「都内だけで上映が1日850回超え」，「2日間の観客動員が251万人」，「興行収入33億円」，「最高記録達成」，「観客動員が歴代最高342万人」，「興行収入46億円超え」，「主題歌が配信チャートで55冠達成」，「100万ダウンロード達成」，「16年6カ月ぶりの快挙」，といった具合である。数字というファクトで裏打ちされた「流行」が社会的に伝えられ，「記録的大ヒット」というヘッドラインが各ワイドショーで使われはじめ，番組の内容も大ヒットという事実を前提とした「人気の秘密」などの解説へと深化していく。ヒットが既成事実化されるのである。

　人々は最新の流行現象に乗り遅れまいと熱狂し，子どもたちの日々の話題の中心となり，この情報トレンドの上昇シグナルが点灯した2020年10月4日週から3週間後に，ソニーグループは決算の上方修正を発表，株価が一段と高騰することになった。これは株価が高騰する前の情報量の変化を「TVメタデータ」が捉えていた例である。

このシンプルなモデルで東京証券取引所の全銘柄のうち，時価総額と流動性が特に高い上位30銘柄の過去244週，約5年の期間でバックテストを行ったところ，テレビの情報量の中期トレンドが長期トレンドを上抜く上昇シグナルが得られたのが計675回，シグナル点灯後2週間以内に株価の上昇が見られたのが532回，約8割（78.8％）の確率で情報トレンドの上昇シグナル点灯後，株価の上昇が見られたという結果が得られた。

テレビの情報トレンドの変化が，株式市場での評価に先行してシグナルとして得られていたのである。「TVメタデータ」は，「情報量」という観点で企業の活動量を可視化するオルタナティブデータとして活用できるのではないだろうか。

V 「テレビ指数」で財務データに現れる前の先行トレンドを可視化する

「TVメタデータ」を活用する簡単な方法は，銘柄別や業種・セクター別の「テレビ指数」（統計比較が可能なように指数化された銘柄，セクターごとのテレビ露出量の指数）を確認することである。これにより情報量のトレンドに変化が現れた銘柄，業種などを簡単に絞り込むことができる。

図表5-1-2は，2021年10-12月期の「TV-CM指数」，業種別の前年比，前期比TV-CM露出量の比較である。オミクロン株による感染再拡大に備えながらも，年明け以降の経済の正常化に向けて，業界ごとにどのような取組みの違いがあるのかがわかる（これを企業（銘柄）別，サービス・商品別に細分化することも可能で，TV-CMだけでなく番組の中で紹介された企業（銘柄），サービス・商品の放送量「テレビ番組指数」を加えることもでき，企業にとってポジティブな報道だけでなく，事件・事故などのネガティブな報道まで調査可能）。

第5章　メディアとオルタナティブデータ　　91

図表5-1-2　「TV-CM四季報 2021 Q4」

TV-CM四季報 2021 Q4 | CM指数（前期比・前年比）- 業種別

順位	業種	CM指数（前期比）	CM指数（前年比）	CM秒数	企業数
1	家電	1.88	0.84	158,625	61
2	化粧品	1.63	1.21	327,180	95
3	菓子	1.57	1.13	144,195	58
4	電機・機械	1.44	1.26	60,015	67
5	インスタントラーメン	1.38	0.77	47,625	7
6	石油・タイヤ	1.32	1.06	51,420	33
7	交通・旅行・引越	1.26	0.62	49,365	37
8	食品	1.25	0.85	409,095	162
9	アパレル	1.21	0.84	15,960	25
10	玩具・文房具	1.18	0.85	139,365	72
11	家庭用品	1.14	0.88	163,830	81
12	ヘルスケア	1.14	0.87	526,725	90
13	タバコ	1.12	0.85	6,810	2
14	デジタル	1.08	1.34	1,303,505	460
15	金融・保険	1.07	1.40	380,355	91
16	カメラ・時計	1.07	0.99	27,015	21
17	外食・小売	1.05	1.07	363,600	125
18	音楽・ビデオ	0.96	0.96	55,590	172
19	バス・トイレタリー	0.96	0.99	285,675	44
20	インテリア	0.94	0.98	126,795	69
21	コンビニ・スーパー	0.93	1.04	52,110	20
22	通信	0.91	0.86	171,265	16
23	通信販売	0.90	0.86	274,125	73
24	クレジットカード	0.83	1.21	95,025	22
25	自動車	0.83	0.65	210,945	47
26	ビール	0.80	1.60	123,870	7
27	不動産	0.78	1.06	149,115	112
28	ロードショー	0.75		85,430	42
29	缶コーヒー	0.75	1.09	40,800	7
30	ドリンク	0.73	0.81	238,890	63
31	出版	0.61	0.88	63,855	40
32	酒類	0.61	0.74	52,470	21
33	ペットフード	0.58	0.43	14,355	12
34	スポーツ用品	0.52	0.84	4,275	27

出所：エム・データ　ライフログ総合研究所作成

　TV-CMを放映する費用は販管費に該当し，常に利益との相反が課題になる。特にコロナ禍のようなビジネス環境の変動期にあっては，その費用が需要や利益を創出する投資となるのか，それとも財務的なリターンが不明確な単なる経費支出として終わってしまうのかが問われる。TV-CMを拡大する企業や業界は，コロナによる環境変化の中に商機を見出したグループであり，反対にTV-CMを縮小したグループは，厳しい経営判断を行っているのかもしれない。TV-CM量の増減動向（CM指数）は個別企業や産業別の業績に対するセンチメントを反映している。このように企業別や産業別の「TV-CM指数」を利用すれば，決算に反映される前にいち早く個別企業や産業別の経費動向や経営環境を推測することが可能になるのである。

　オルタナティブデータの活用は，従来は不可能であった「情報」という新た

なディメンションの利用を可能にする。「TVメタデータ」は，「情報」という企業や業界の活動量を表す指標を提供する。これにより，企業活動によって得られた利益が市場に評価されるよりも前の段階で，そのトレンドが可視化されるのである。以上が「TVメタデータ」を金融業界で活用するイメージである。

梅田 仁（株式会社エム・データ　ライフログ総合研究所（Life Log Lab.）所長）

薄井 司（株式会社エム・データ　代表取締役社長）

第2節　未来の消費行動予測ビジネスで培ったノウハウを自己勘定の投資判断にも応用

Ⅰ　データマーケティング会社がなぜ「投資家」になったのか？

　マイクロアドは新規事業として，オルタナティブデータを活用した自己勘定での投資事業を2023年1月から開始した。

　なぜデジタルマーケティングの会社が投資事業を行うのか，そこに至った経緯を伝えるとともに，オルタナティブデータとその活用法の一例を解説する。

　当社の主軸の事業は「UNIVERSE」というデータマーケティングサービスである。UNIVERSEは210社以上の企業からお預かりしている膨大なデータを，独自のAI技術によって分析し，業種に特化したマーケティング商品として展開している（図表5-2-1）。

図表5-2-1 「UNIVERSE」の自動車メーカー向けプロダクト

出所：株式会社マイクロアド作成

　現在は，19業種に向けた商品を展開している。その中の自動車業界向け商品「IGNITION」が，当社がオルタナティブデータビジネスを始めるきっかけになったサービスである。

　IGNITIONは，複数の自動車専門Webメディアから預かったログデータを活用する。そのログデータは膨大なアクセスログで，「何時何分何秒にこのブラウザからこのURLにアクセスがあった」といった単純なデータに過ぎない。

　言うまでもなくこのままでは使いようがないデータである。それを当社独自の日本語解析技術で1つひとつのURLに意味づけをし，最終的に価値のあるデータベースを自動で生成する。

　例えば，「このURLはあるメーカーのこの車種の新車レビュー記事である」といった形でURLと記事の内容を関連づけする。その上で最終的に，興味関心のあるメーカー，車種は何で，今が検討段階であるか，などをユーザーごとのマーケティングデータベースとして構築することで，初めてマーケティングに使えるデータに昇華される。

　これにより例えば，400万円台のSUV車の購入を検討しているであろう人たちだけに広告を配信することが可能になる。

94 PARTⅡ 10社が語るオルタナティブデータの活用最前線

　さらにユーザーの動きを分析することで，もう一段深く消費行動を読み解くことが可能になる。

　当社分析では，自動車の購入にかかる期間は，検討開始のシグナルが出たタイミングからおおよそ11週間であるいうことがわかった。

　定説としては，ディーラーを訪問してから7週間で購買に至ると言われているが，われわれはWeb上で早期のシグナルをキャッチできるのでそれよりも長い期間になった。

　一般的に，検討期間の前半では検討する車種が増え，平均で5〜6車種程度になり，そこから絞り込むフェーズに移動する。最終的には2台に絞っていくというプロセスになる。

　そこで，検討期間の前半ではメーカーの広告を，車種を絞り込んでくる後半においてはディーラーや自動車保険の広告など，検討ステージによる広告の出し分けが可能になる。

　このような分析を，業種ごとに異なるデータを使い，それぞれのマーケティング課題を解決する商品を19業種に展開している。

Ⅱ　オルタナティブデータ事業スタートまでの経緯[3]

　ある時，IGNITIONの考え方を拡張することで，車種ごとの販売台数を予測できるのではないか，というアイデアが生まれた。車種ごとに興味関心を持つ人を分析できるのであれば，同じようにその車種の未来の販売台数予測も高い精度で予想できるのではないかと考えたのだ。

　結果は予想通りで，車種ごとの興味関心度の動きから将来の販売台数の傾向を高い精度で予測することができた。特に強い予兆が確認できた車種は，実際，その半年後に大幅に販売台数が伸びた。図表5-2-2は，その予兆を指数化して実際の販売台数と比較したものである。ある年の4月に販売予測指数の値が大きく跳ね上がり，その3〜6カ月後に実販売台数も大きく伸びていることが

3　本節中の図表5-2-2・5-2-3および解説については2023年6月時点のものである。

確認できる。

図表5-2-2　販売予測指数と実販売台数の推移（例）

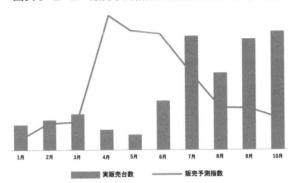

出所：株式会社マイクロアド作成

　この方法で，国内メーカーの主要50車種に対して指数化したデータを作成した（図表5-2-3）。これにより，メーカーごとの販売台数の今後のトレンドを予測する材料になると考えている。

　また，予定販売台数の発表前にこのようなシグナルを検知できるため，先回りして販売動向を把握することが可能になる。

図表5-2-3　自動車メーカーごとの販売予測指数の推移（例）

Standardization Company		May-19	Jun-19	Jul-19	Aug-19	Sep-19	Oct-19	Nov-19	Dec-19	Jan-20
TOYOTA	7203	-0.3	-0.5	-0.6	1.7	1.2	-0.8	0.3	-0.5	-0.5
NISSAN	7201	-0.7	-0.1	0.6	-0.3	-1.5	-0.2	-0.4	-0.3	-0.2
HONDA	7267	-0.1	0.1	0.5	-0.6	-0.1	1.4	-1.4	0.6	-0.3
MAZDA	7261	2.1	-1.1	1.6	-0.9	-0.1	0.1	0.0	-0.7	-0.6
SUZUKI	7269	-0.7	2.1	-0.8	-0.1	-0.9	1.3	-0.7	2.0	-0.7
SUBARU	7270	0.3	-4.7	-1.4	1.0	1.1	-0.9	0.4	-0.9	0.2
MITSUBISHI	7211	-0.2	-0.3	0.4	-1.1	1.9	-0.3	1.5	0.1	2.6

出所：株式会社マイクロアド作成

このようなアプローチを自動車以外のセクターにも広げ，さらに株価との連動性を分析することで，現在では独自のポートフォリオでのα戦略を自社勘定を使って実行するまでに至った。日々新しいデータを獲得し，新たな分析手法を生み出すことで，投資対象銘柄数を広げられると考える。

マーケティングの観点からデータを読み解くアプローチは，ユーザーの目線に立った時に，このデータの変化値がどのような未来の消費行動を示唆しているのか，という考え方をしている。これまでのアセットマネジメント会社が行ってきた伝統的な資産運用とは一線を画すものである。

Ⅲ データの持つ未来予測の可能性

私はマイクロアドがどんな会社であるかを投資家の皆様に説明する際に「未来予測の会社」と話している。デジタルマーケティングで私たちが行っていることを簡単に言うと，特定の商品を買う可能性が高い人をデータやAIを駆使して探し出すことだ。

「商品を買う可能性」というのはもちろん未来のことであり，人々の未来の行動を予測していると言い換えることができる。デジタルマーケティングで当社が行っているのは，このように未来の消費行動の予測だ。

「未来予測の会社」と話しているもう1つの理由は，われわれが構想しているデータ活用による未来予測が，デジタルマーケティングの領域だけではないことを伝えたいからである。

データは21世紀の石油と言われている。それは，20世紀に石油を加工することでさまざまな産業や商品が生まれたように，今後はデータとAIとの掛け合わせによって数多くの新しい産業やサービスが生まれていく。

われわれが行っているデータとAIを駆使した未来予測は，将来的にデジタルマーケティングだけではなく，さまざまな事業を創出することができるもので，それにより「総合データカンパニー」へ成長していくと話している。

当社のオルタナティブデータ事業は「未来予測の会社」を最もわかりやすく表現しているものだと考える。

誰しもが未来を予測できるのならば，株価を予測して莫大な富を築きたいと一度は夢想したことがあるのではないだろうか。

そのようなことが当社のオルタナティブデータ事業の実績として実現できたとすれば，デジタルマーケティングの領域に限らず，データとAIで未来予測が可能であるということが証明できるはずである。

Ⅳ　最後に

現在のデジタルマーケティング業界において一般的な手法である「RTB（Real Time Bidding）」は，もともと金融市場で発展した技術であり，リーマンショックをきっかけにその技術や仕組みが流入して出来上がったものと言われてる。

それから十数年，当社のみならず，デジタルマーケティング業界自体もその技術流入により大きく発展してきた。

デジタルマーケティング特有のデータ分析手法とAI技術を掛け合わせ，未来を予測し，RTB技術の基になった金融市場へ技術を逆輸入する——そういったストーリーを思い描きつつ，われわれが独自のオルタナティブデータを活用して投資事業を行うことは，オルタナティブデータ活用の新しい可能性を見出す挑戦だと捉えている。

渡辺 健太郎（株式会社マイクロアド　代表取締役 社長執行役員）

第3節　ゲームビジネスにおけるデータ収集と活用の可能性

Ⅰ　ゲームおよびTCG産業についての概況

　当社はゲームビジネス，なかでも任天堂，SIE（Sony Interactive Entertainment）の「PlayStation」というゲーム専用機産業のデータを扱っている。まずは，当該産業の概要について整理しておきたい。

　当分野は，事実上，1983年の「ファミコン」を起源とし，1994年の「PlayStation」で飛躍的に伸びてきた。こうした経緯もあって，日本が依然根強い産業分野である。

　とはいえ，産業構造が当初の労働集約型から，技術集約型，資本集約型へと変遷し，大手への集約が進む中で，日本の競争力は次第に低下してきているのが実情である。市場構造もファミコン時代から様変わりし，子供向け玩具の要素が減じて幅広い年齢層に遊ばれる大人の娯楽となっている。

　ゲームはインタラクティブ性をもったコミュニケーション要素が強い娯楽であり，インターネットとの親和性も高い。今後，ユーザーがコミュニティや動画配信等を通じてゲームに触れ，自己表現の一環として参加していくという方向で進化していくものと考えている。その意味で，事業者だけで完結するものではなく，BtoB，BtoC，CtoCすべてを含めた，まさに産業エコシステムの具体化としても期待されているといえよう。

　当社は，1994年から，日本初のゲーム産業に特化した事業者向け情報提供会社として，現在まで事業を営んでいる。具体的には，市場データとユーザー動向，それらを組み合わせた立体的な価値ある情報を発信している。

　さらに，2010年からはTCG（トレーディングカードゲーム）についてのデータ集計，提供を行っている。当該分野でのデータに基づくキメ細かい情報発信を業としている会社は世界で当社のみである。ゲームとのユーザーの重なり度合いも高く，両分野を横断した産業動向についての分析を開始している。

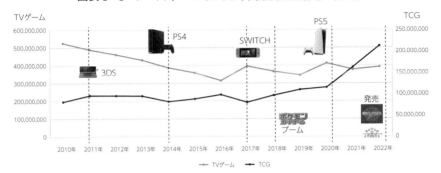

図表5-3-1　TVゲーム＆TCG年間販売金額推移（千円）

Media Create Co., Ltd. All Rights Reserved.
The Copying or Reproduction of this Document is Strictly Forbidden.

　TCGは2018年から，社会現象にもなったほど急激に市場規模が増加した。これらについて報道等で目にした方々も多いと思われる。
　競技性とコレクション性を併せ持っていることからユーザー層が拡大，やはり子供から大人までにと幅広く支持されている。また，シングルカードを主とした中古市場も活発化しており大きな市場を形成している。この分野においても，すでにデータ集計，発信を行っている。当該分野は日本が圧倒的に強く世界を牽引している。
　2023年，IP（知的財産）活用の一環として，北米および欧州においてディズニーが参入，日本市場への参入も決定し，さらにグローバル産業として成長するものと期待されている。このIP活用という点は，TCGビジネスの潜在的なポテンシャルの高さを示しており，また今後のデジタルとの融合という付加価値も相俟って相当数の参入予備軍がある。
　しかし，TCGは今後集約化が進み，また，印刷物という性質による製造や物流のキャパシティ，小売業店頭での競技イベントの常時開催など参入障壁が高いビジネスでもある。当社のデータや知見，関連先との連携が活かされるものと考えている。
　以上が，当社がデータを中心に事業者向けに情報や知見を提供しているゲー

ムおよびTCG産業についての概況である。いずれも，相互に関連し合っており，その程度はさらに深まっていると考えている。両者を複合的，重層的に分析できることが当社の強みであり，そのためのデータを過去から蓄積し，ゲームにおいては「週間予約推移データ」という将来の販売予測の一助となる時間軸においても多くの知見を有している。まさに，産業，市場，時間を包括的，立体的に俯瞰し，かつ詳細に観ている。世界に類のないものと自負している。

Ⅱ 注目の「週次予約推移データ」は企業の業績予想にも応用

　それでは，具体的にどのようなデータなのか，それをどう活用していただいているのか，以下述べることにしたい。まずはゲームについて。当社の顧客は，業種別に大きく３つにタイプ分けできる。
① ゲームビジネスの直接的な従事者
② ①を取引先としているか自社の事業対象としている企業，機関
③ 研究機関，大学，行政

　すべてに共通するのは，基礎数値としての販売数，金額という市場規模である。それらは，ゲーム機別，ソフトメーカー別，ジャンル別，個々のタイトル別と細分化されていく。大分類，中分類，小分類ということになろう。すべて，月曜日から日曜日までの１週間を集計単位としている。
　当社は，1992年からのデータを保有しており，その蓄積はざっと30年，1,500週分に及んでいる。すべて全数調査である。いずれも，経年推移を見ることで産業のダイナミックな変化を知ることができる。データの出処は小売店のPOSデータであり，これを拡大推計している。いわゆるデータトラッキングである。
　次に，消費者であるユーザー属性を大分類で調査。原則，中分類以下はアドホックにて対応している。当該産業では，消費者をユーザーと呼称することが慣例となっており，本書でもそれに準じることにしたい。年齢，性別はもちろん，過去購入履歴で関連購買の有無や程度を知ることが可能である。
　サッカーゲームを購入したユーザーがサッカー関連の雑誌を買っているか，

買ったことがあるかが確認できる。また，ゲーム機同士の重なりもわかる。購入頻度や金額により，ユーザーがコアで熱心なゲームファンか，ほどほどなのかも推測可能である。熱心なユーザーを選び，グループインタビューでさらに踏み込んだ調査や仮説検証につなげることもできる。これらは，すべて当社が手掛けてきた実例である。

上記①の顧客にとって，これらの定量データや定性データは，自社の商品戦略や広告宣伝活動に資する有益な資料となっている。産業動向やユーザー嗜好を的確に把握し，自社のポジションを客観的に知り，長期戦略に役立てる。包括的，俯瞰的に，そして詳細な分析にとさまざまに活用できる。まさに基礎資料であるといえよう。

②については，大きく広告代理店と広義の金融機関（機関投資家やファンドを含む）に分けられる。前者は，いうまでもなく顧客への提案，プレゼンテーション，広告戦略の立案（ターゲティング，媒体選定，クリエイティブ等）に用いられる。昨今，ゲームユーザーのメディア接触においては，ゲームとインターネットの親和性もあって，テレビといったマス媒体の役割が目立って低下してきている。半面，SNSや動画の役割が増している。若い世代ほど顕著だ。

金融機関については，ゲーム機やゲームソフトの売上がどう企業収益に影響し，その結果，株価の動向がどうなるかを検討する資料となる。なかでも，「週間予約率推移」について詳述しておきたい。ゲームソフト発売のおよそ8〜10週間前から小売店は予約獲得に努める。それはPOSに取り込まれ週次で更新され，当社に送信される。つまり，発売8週前から発売日当日まで週ごとの推移として記録され，発売後は販売数に引き継がれ時間経過による動向を経て，最終的な累計販売数となる。予約の推移と販売動向，累計販売数との関連性を分析することで，予約の段階から総販売数，当該企業の期間収益，株価の推定が可能となる。一定の根拠を持った合理的な見積もりが可能だ。

図表5-3-2について，以下説明しよう。

同シリーズタイトル4作品における，最終予約数と同一期間内販売本数。

販売本数はいずれも予約数のおおよそ5倍となっている。

図表5-3-2　予約数と販売本数の相関（イメージ）

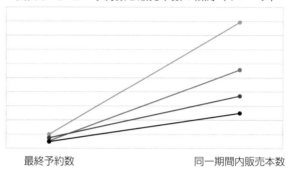

広告代理店の場合。広告投入の時期と量の効果を推し量ることにもつながる。ゲームメーカーの立場からみると，広告代理店の実力評価にも使える。ある関係者曰く，「閻魔帳」。

予約（事前）と結果（事後）の相関の度合いはゲームソフトの性格や対象ユーザーによって異なる。しかし，一定の幅を誤差としてあらかじめ想定しておくことで，効果の限界値をわきまえつつ活用できる。予約率推移データは発売済全タイトルを20余年にわたって蓄積しており，まさに量が質を担保している。

この予約関連データは世界でも当社のみが集計保有しており，さらに期間の長さと関連する販売データ等との複合性を鑑みると，まさに将来の売上と企業価値を合理的に見積もる唯一の術ではないか。当該データへは海外のファンドが特に強い関心を示している。総じて，海外企業の方が日本企業よりもデータの有効性について理解があるようだ。恣意性を排した根拠ある意思決定にはデータが不可欠であるという共通の認識が根付いているように感じている。

改めて，使う側のリテラシー次第でデータの有効性が異なるということを強調しておきたい。

③については，特に説明を要しないと思われる。産業動向を知る常備資料としてだけでなく，近年，大学の研究者も増えていることから，詳細データへのニーズが高まっている。各機関によって異なるが，俯瞰した見地から産業構造

そのもの，競争優位の要素の変化について知見を得るための資料として使われている。

さらに，映画同様にどういったゲームがユーザーから支持されているか。つまりは社会からの受容度を測る資料にもなりえる。これらのゲームが流行る理由を読み解くことで社会全体の関心事，課題，世相を知る手掛かりとなるのだろう。

ゲームは趣味性が強く，自己表現の手段にもなりえる，遊ぶための敷居やコストは低く，ユーザー数は日本だけで数千万人レベルと大きな規模を持つ。場合によってはテレビを凌ぐ大衆娯楽である。マス層が何を欲しているのか，それは社会を映す鏡でもある。ゲームという素材から得られるものは大きい。その可能性と有効性を広く知ってもらいたい。そうした思いを強く持っている。

Ⅲ 「高度な自己表現の連鎖」を実現するゲーム産業の新しい可能性

以上，ゲームおよびTCG産業の概要と当社の事業内容，強みを述べてきた。後段は今後の展望について述べ，本節のまとめとしたい。

社会全体，企業活動は世界的に経済的価値から社会的価値の追求へと転換しており，SDGs，エコシステムという概念が示すように，社会全体と調和しつつ持続的な発展が求められている。筆者は，ゲームはエコシステムの格好の事例になりえると考えている。

それは相互作用が，事業者間の横断的関係にユーザーとの縦断的な関係性が加わり，さらにユーザー同士の相互作用も活発となっており，複合重層的な関係が生じているからだ。ユーザーは単なる受益者ではなく，自ら発信しゲームを自己表現の一環として接しているのだ。エコシステムの鍵が広範な相互作用の創出であることは説明を要しないだろう。

IT，ネットワークにより容易に個々人の自己表現が可能になり，その影響力は計り知れないものとなってきた。その先進事例がゲームである。筆者は，今後の消費トレンドのキーワードは"高度な自己表現の連鎖"と考えている。ゲームはそれを実現しつつあるのだ。

こうしたベクトルの中で，新たなデータをどう発掘し，既存分とマージ，再配置し，大きな価値をつくりだすこと，それを当社の長期的な展望として掲げている。

もとより，当社は創業理念として，「媒体やデータを通じた産業の記録」，「データによって顧客の意思決定に根拠を提供する」を掲げてきた。創業から30年，愚直に実践してきたという自負がある。前述の社会動向の変化に応じて企業活動の幅を広げ深耕させていきたいと考えている。いうまでもなくデータは社会構造，なかんずく社会を映す指標である。

グローバル化，プラットフォームの多様化，メタバース等の包括的なネットワークサービスやTCG等の他の娯楽との親和性の点から，ゲームは裾野を広げ新しい可能性を広げつつある。当社はこれらの環境変化に対応し，それによって顧客はもちろん，関係先のビジネスチャンスの発掘や拡大に寄与していきたい。

局所的になるが，当社ならではの「予約推移データ」等をブラッシュアップ，他の関連データと組み合わせることで，個々のゲームタイトルの今後の売れ行き予測，提供会社の収益予測，業績予測の資料としての価値をさらに向上させていきたい。TCGについても，アナログとデジタルが融合，将来的にはブロックチェーン，NFT（非代替性トークン）を活かした新たな価値，サービスへと進化するものと考えている。その意味で，まだ揺籃期なのだ。

以上を通して，ゲーム産業，TCG産業，ユーザーを含めた関係する方々の役に立っていきたい。創業30年を迎えて，その思いを新たにしている。今後の当社および提供データにご注目いただきますようお願い申し上げ，本稿の結びとする。

細川 敦（株式会社メディアクリエイト　代表取締役）

第6章

その他のオルタナティブデータ

第1節　オルタナティブデータとしての気象データの可能性

I　地球温暖化と異常気象

　近年の地球温暖化に伴い，経済活動に対する気象リスクが無視できない状況となってきている。世界気象機関（WMO）は，2023年の世界の平均気温は観測史上最も高かったと発表した[4]。太平洋の東側の海面水温が平年よりも高くなる「エルニーニョ現象」と気候変動が組み合わさり，平均気温を押し上げたことが要因だと言われている。

　WMOと国連環境計画（UNEP）によって設立された気候変動に関する政府間パネル（IPCC）によると，世界の平均気温の上昇は今後少なくとも半世紀は継続し，それに伴い猛暑・洪水・干ばつなどの被害が増加すると言われている[5]。2023年は地中海沿岸や米国南部では最高気温が45℃を超え，各地で大規模な山火事や森林火災が発生し，アマゾン川が大規模な干ばつに見舞われるなど，高温による被害が相次いだ。日本でも東京では64日間連続で真夏日となり，猛暑日も22日と過去最多を更新した。

4　https://wmo.int/news/media-centre/wmo-confirms-2023-smashes-global-temperature-record
5　https://www.ipcc.ch/report/sixth-assessment-report-working-group-i/

図表6-1-1　気候変動に伴い増加する気象リスク

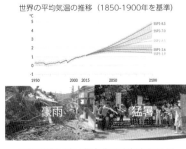

気候変動に伴い顕在化する気象リスク
経済活動においても気象を無視できない状況

過去データから気象リスクを分析した上で，
将来の気象リスクに備えることが重要に

出所：筆者作成

　WMOによると，気象災害による世界の経済損失は過去50年間で約400兆円にのぼると言われており[6]，1970年代から2010年代にかけて約7倍に増加したと言われている。日本でも2019年に発生した台風19号による被害額は約1兆8,600億円[7]となるなど，経済活動に対する気象リスクが，無視できない状況となってきている。したがって，過去のデータから気象リスクを分析し，将来の気象リスクに備えることがますます重要になっている。

Ⅱ　企業の気象データ活用とリスク評価の動き

　日本では近年，生産年齢人口減少への対策として，データ活用やDXの機運が高まっている。その流れを受け気象データの活用も近年急速に増加しており，気象データを分析に利用する企業数はこの5年間で約10倍に伸びている[8]。従来の天気予報はテレビ・Webなどで人が見ることを目的とした定性的な情報がメインだったが，近年はデータ分析やAIモデルの説明変数として利用する「定量データ」としての意味合いが強くなってきている。

---

[6] https://public.wmo.int/en/media/press-release/weather-related-disasters-increase-over-past-50-years-causing-more-damage-fewer
[7] https://www.maff.go.jp/j/wpaper/w_maff/r1/r1_h/trend/part1/chap5/c5_1_00.html
[8] https://www.soumu.go.jp/johotsusintokei/whitepaper/ja/r02/html/nd132110.html

図表6-1-2　天気予報の役割の変化

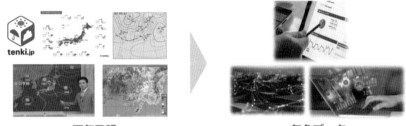

天気予報　　　　　　　気象データ
（定性情報）　　　　　（定量情報）

出所：筆者作成

　また，近年の気候関連財務情報開示タスクフォース（TCFD）やESG投資の流れを受け，企業が気候変動関連リスク評価に取り組む動きが活発になってきている。日本のTCFD提言への賛同企業は世界最多の1,158社にのぼり，上場企業を中心に多くの企業が気候変動関連リスクの評価・開示を推進している[9]。TCFD提言におけるリスクは「移行リスク」と「物理的リスク」に分かれているが，気象リスクは「物理的リスク」として扱われている。またその物理的リスクも，極端な気象現象が自社の資産・事業に及ぼすリスク（急性リスク），長期的な平均気温上昇や降雨パターンの変化が自社の資産・事業に及ぼすリスク（慢性リスク）の2つの指標に分類されている。過去の異常気象（台風，豪雨，高潮など）の発生履歴と被害のデータ，気温や海面水温・降水量や干ばつの長期変化データ等から気象リスクを定量的に分析し，気候モデルによる将来予測データを用いて将来のリスクを評価する取組みが，今後ますます重要になるであろう。

Ⅲ　気象データの種類と特徴

　気象データをオルタナティブデータとして活用するにあたり，気象データの

9　https://www.meti.go.jp/policy/energy_environment/global_warming/tcfd_supporters.html

特徴を簡単に示す。一概に気象データと言っても，その種類は多種多様で，観測データや予測データ，要素も気温・降水量・湿度・気圧・花粉など，さまざまなデータが存在する。ほかにも気象衛星「ひまわり」の衛星画像や天気図，台風経路図，注意報・警報の情報なども広義の気象データです。日本気象協会ではこれらの数百種類に及ぶデータを取り扱っている。

気象データの特徴は「高頻度」「高粒度」「予測可能」の3点である。例えば雨の観測データなどは，最小粒度で1分間隔・全国約250m四方のデータが取得可能だ。気温や天気・風向風速などの各要素についても，1時間単位の全国約1km四方のデータをAPIなどで取得することが可能になっている。

また，気象データの最大の特徴は「予測可能」であることだ。気象予測は物理法則に基づいて予測を行っているため，猛暑や豪雨など，これまでに起きたことがない気象現象を予測することが可能だ。過去データから適切に気象リスクを分析することができれば，気象予測データを用いることでこの先の各企業の商品・売上の動向を予測する，ということが可能になる。

図表6-1-3　気象データの特徴

1. 高頻度
   - 1分/1時間/1日/1週間/1ヶ月

2. 高粒度
   - 1km四方日本全域(約38万地点)

3. 予測可能
   - 1時間～6ヶ月先までの物理予測

出所：筆者作成

Ⅳ　気象リスクの評価事例

　最後に各企業における気象データの活用事例・リスク分析事例を紹介する。企業活動における気象リスクを評価する際に重要な視点が時間スケールだ。ここでは，気象リスクを数年〜数十年単位の気候変動による影響（長期）と，猛暑・冷夏などの数カ月単位の影響（中期），雨や雪・台風などの数日単位の影響（短期）に分けて紹介する。

　数年単位の長期の気象リスク分析として，気候変動に伴う洪水や高潮といった異常気象の発生と，干ばつや水ストレス（水不足）などが各製造拠点に与える影響を分析するなどの事例が挙げられる。このような長期の気象リスク分析には，気候変動シミュレーションモデルの分析結果を活用し，CO_2排出シナリオに基づいた洪水発生頻度や浸水リスクを想定し，施設影響の定量分析を行っている。

　また，数カ月単位の中期の気象リスク分析として，季節商品の需要予測や製造・販売・配送計画などが挙げられる。日本気象協会では約400品目のインテージSRI+（全国小売店パネル調査）をはじめ，さまざまなデータと気象の関係をあらかじめ分析し，独自の統計モデルの中で「気温１℃当たりの売上影響」を算出している。例えばルームエアコンは気温１℃当たり約９％の売上影響があるカテゴリだが，前年との気温差が２℃あるだけで，売上に±18%程度の気象影響が含まれることになる。こうした気象リスクを，コロナ禍における市場への影響や増税，値上げの影響などの各要因と合わせて分析することが可能だ。

図表6-1-4　気象データを利用した売上要因分解

インテージSRIデータの変動要因分析
COVID-19影響・気温影響

○売上が伸びた商品

商品カテゴリ	A 売上前年比	B気温要因（前年差-0.9℃）	C社会要因
使い捨てカイロ	120%	10pt	9pt
リップクリーム	109%	5pt	4pt
ミネラルウォーター類	106%	-3pt	9pt
鍋割箸	105%	3pt	3pt
液体茶	102%	-2pt	5pt
メープ類	102%	3pt	0pt
ビスケット&クラッカー	102%	1pt	1pt
入浴剤	102%	3pt	-1pt

2021年11月29日週～3月7日週の売上の前年からの変化率
売上が前年より伸びた主な商材
C（社会要因）＝A（売上前年比）－B（気温要因）
インテージ SRI+データ（金額ベース）より日本気象協会が独自に算出

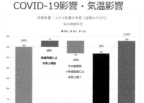

売上変動要因分解
COVID-19影響・気温影響

出所：筆者作成

　数日単位の短期の気象リスクとしては，日配品の食品ロス，小売業における来店客数減少・季節商材の立ち上がりによる欠品・値引き，配送業における道路通行止めなどのリスクが挙げられる。こうした数日程度の気象予測であれば降水量・湿度・風などのさまざまな気象要素が利用可能となり，エリアについても細かい粒度で予測することで，小売店の売上予測や発注業務，日配品の製造計画などに利用することができる。

V　さいごに

　気象は全産業の3分の1に影響を及ぼすと言われている。各企業の気象データの活用は徐々に進んできているが，未だ活用できている企業は全体の10％程度にとどまっている。近年の気候変動に伴い，業務への気象リスクを把握し，その内容を発信・開示する機運が高まっている。オルタナティブデータとして気象データの活用が進むことで，各企業の気象リスクの可視化や，各業界へ与える影響の定量化の取組みが発展することを願っている。

吉開　朋弘（一般財団法人日本気象協会　事業戦略開発部　事業戦略開発課）

第2節　オルタナティブデータにおけるメディカルビッグデータの可能性

I　超高齢化社会と日本が抱える医療の課題

　わが国では超高齢社会を抱えることによる「2025年問題」が，医療や福祉といったさまざまな分野に影響を及ぼすことが予想されている。令和5年版厚生労働白書では，本格的な少子高齢化・人口減少時代を迎えようとしていると報告され，2022年の総人口は約1億2,495万人であるが，2070年には約30%減少し，総人口が9,000万人を割り込むと推計されている。その状況下で医療の課題としては，健康寿命の延伸や社会保障制度の持続可能性の確保などが提起されている。一般的に医療費は，年齢を重ねるごとに高くなる傾向があり，2025年に団塊の世代全員が75歳以上になることで，2018年に39.2兆円であった医療費は，2040年度には66.7～68.5兆円まで増加することが予想されている。その中で，医療費の7～9割を支払う保険者は，健康増進，医療費適正化などに取り組み，財政のひっ迫を防ごうとしている。

　一方，このような社会・環境課題を投資行動と結びつける投資戦略や手法もあり，当社で取り扱うメディカルビッグデータもオルタナティブデータとして投資判断に活用されるケースが増えている。オルタナティブデータとは，金融機関や投資家が資産運用の際に参考にしていた情報の枠を超えた，さまざまな業界・分野の情報のことで，資産運用における投資判断基準に大きな差を生む要因となることが期待されている。オルタナティブデータの活用方法は無限大だが，このデータを利活用した投資手法や活用方法は発展途上であり，これからのESG投資の手法の中で，企業・事業の成長可能性などを理解・評価する投資手法として発展していくと思われる。

II　日本システム技術の保険者向け事業と社会貢献

　事例を紹介する前に，日本システム技術株式会社（JAST）の紹介とメディ

カルビッグデータについて説明する。当社は1973年に創業した2024年で51周年を迎えるIT企業である。教育，金融，医療をはじめ，幅広い業界や分野において独自のソリューションを創出している。当社の手掛ける医療ビッグデータ事業における保険者向け事業は，2009年にレセプト自動点検システム「ジェイミックス（JMICS）」を開発したことがきっかけで開始した。2020年には保険者の業務におけるデジタルトランスフォーメーション（DX: Digital Transformation）を推進する「アイビス（iBss）」を発表し，保険者向けのワンストップサービスとして，レセプト点検，ウェブ通知，医療費分析，政策であるデータヘルス計画実行支援などのトータルサービスを全国各地の保険者に提供している。

　長年にわたり，大量のレセプトを安全かつ確実に運用した実績から，近年ではメディカルビッグデータの利活用を進め，医療情報分析サービスや医療費予測，疾病予測モデルの開発なども行っている。

　「メディカルビッグデータ」といっても，さまざまな種類のデータが存在する（図表6-2-1）。その中でも，当社が取り扱う情報は保険者由来の情報である。この情報にはレセプトデータや健康診断データが含まれる。レセプトは医療機関や調剤薬局が保険者向けに医療費を請求するために1カ月に1度発行する明細書である。患者が受けた診療行為・処方医薬品の情報すべてが記載されているデータであり，特定の患者が受けた診療行為を毎月追跡できるなど，継続的観測に優れている。健康診断データは患者の健康診断結果の詳細が記載されているデータであり，1年ごとの定点観測に優れている。これら2つのデータを組み合わせることで，患者の健康状態を継続的にも定点的にも分析することができる。

第6章　その他のオルタナティブデータ　113

図表6-2-1　メディカルビッグデータの概念図

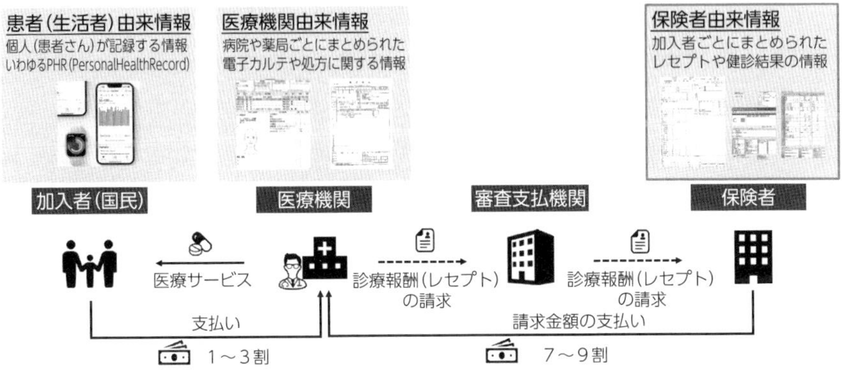

出所：日本システム技術株式会社作成

　保険者由来の情報の分析事例としては，医療費の適正化による課題解決に向けた適正受診促進事業の支援が挙げられる。例えば，保険者から預かったレセプトデータから受診する時間帯や受診回数，処方されている医薬品の種類・量などを分析し，頻回・重複受診，特定薬剤過剰処方などの傾向がある人をリスト化し，対象となった人に個別通知・指導を実施している。このように，当社は保険者と協力し，医療費削減などの社会問題の解決に努めている。

　このほかにも，当社は保険者から利活用許諾を得たレセプトデータ・健康診断データを匿名加工したデータベース「リザルト（REZULT）」を保有している。これは健康保険組合を中心とした全国160保険者からレセプトデータ・健診データの利活用許諾を取得し，900万人以上のデータを収載しているメディカルビッグデータである。当社では，このデータを利活用した産官学連携による共同開発・研究を進め，新技術・新サービスの創出などに努めている。例えば，人流データと生活習慣病医療費に関する分析や新型コロナウイルスによる医療費と生産性損失の検証，ジェネリック医薬品の普及率に関する調査を実施しており，保健事業に限らず幅広い分野の社会課題解決に貢献している。

Ⅲ　オルタナティブデータとしての「メディカルビッグデータ」

　社会貢献性に優れたメディカルビッグデータは，病院や調剤薬局で処方された医薬品および使用された医療機器の実績が確認できるため，製薬会社や医療機器メーカーの売上予測にも活用できる。

　製薬企業が販売している医薬品には，医療機関で医師が発行する処方箋に基づいて患者の手に渡る医療用医薬品と，ドラッグストアなどで患者自身が選んで買うことのできる一般用医薬品の２種類がある。一般用医薬品は市販薬やオーバー・ザ・カウンター（OTC: Over The Counter）医薬品ともいわれ，各製薬企業の売上は，POSデータなどで分析が可能である。一方，医療用医薬品は製薬企業の売上高の90％を占めるといわれているにもかかわらず，レセプトデータや卸データなどでしか販売の実態がつかめない。しかし，レセプトデータや卸データはオルタナティブデータの中でも知名度が低く，提供業者が限られている。そのため，製薬企業の分析をしたい方に情報が届いておらず，データを収集してもその中から有益な情報を抽出することは容易ではない。そもそも，その情報が有益かどうか判断する基準も定まっていないため，データの検証モデルを開発する必要もあり，活用が進んでいないのが現状である。

　当社のメディカルビッグデータは，医薬品名称，製造販売企業，先発・後発品区分，薬剤分類，薬効分類，薬価などの医薬品情報や診療年月，医療機関所在地，処方数量，金額などの処方情報が収載されており，それらのデータが扱いやすいようクレンジングされている。例えば，当社のメディカルビッグデータを活用すると，図表6-2-2のように診療年月別に医薬品・製造販売企業ごとの売上高を簡単に算出ができる。

第6章　その他のオルタナティブデータ　　115

図表6-2-2　2018年4月の処方医薬品（眼科用剤）売上高トップ10

診療年月	医薬品名	製薬企業	医薬品売上高（円）
201804	アレジオン点眼液0.05%	参天製薬	87,166,910
201804	パタノール点眼液0.1%	ノバルティスファーマ	53,734,160
201804	アイリーア硝子体内注射液 40mg／mL　2mg0.05mL	バイエル薬品	36,049,010
201804	ジクアス点眼液3%　5mL	参天製薬	18,343,020
201804	アイファガン点眼液0.1%	千寿製薬	12,025,990
201804	コソプト配合点眼液	参天製薬	10,374,400
201804	タプロス点眼液0.0015%	参天製薬	10,351,620
201804	ルセンティス硝子体注キット 10mg／mL　0.5mg0.05mL	ノバルティスファーマ	9,309,020
201804	キサラタン点眼液0.005%	ヴィアトリス製薬	7,296,800
201804	ムコスタ点眼液UD2%　0.35mL	大塚製薬	6,996,580

出所：日本システム技術株式会社作成

　上記の特徴を踏まえて，企業別医薬品売上高の推移のデータを作成した。眼科用剤のみを対象とし，2018年4月から2023年3月までの通算売上トップ3の企業（参天製薬，ノバルティスファーマ，バイエル薬品）をプロットしている。図表6-2-3のグラフは眼科用剤ということもあり，花粉症で受診する患者が多くなる3月に処方が伸びている。ノバルティスファーマの売上を確認すると2022年3月の売上が前年同月と比較して減少している。図表6-2-4から売上減少の原因は，アレルギー性結膜炎への処方が多い主力先発医薬品「パタノール点眼液0.1%」の売上が特許延長期間切れにより減少したことが挙げられる。

116   PARTⅡ   10社が語るオルタナティブデータの活用最前線

図表6-2-3   各製薬企業における眼科用剤の売上推移

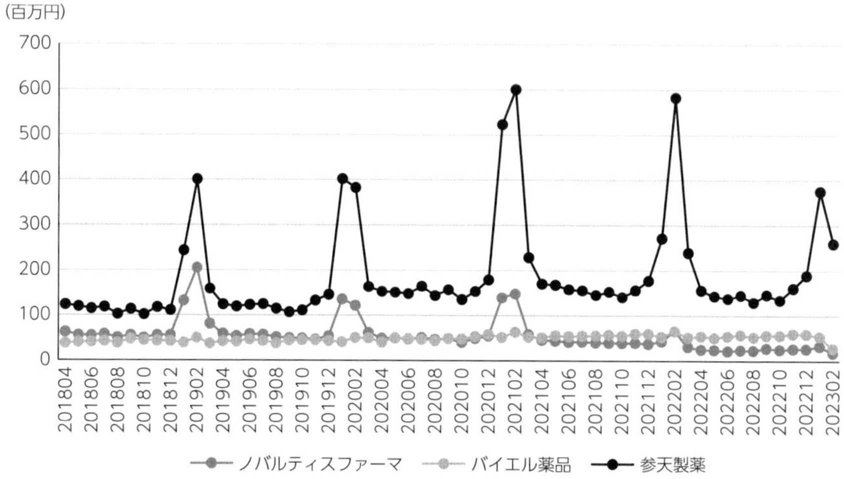

(百万円)

[グラフ: 2018年04月から2023年02月までの眼科用剤の売上推移。ノバルティスファーマ、バイエル薬品、参天製薬の3社を比較]

── ノバルティスファーマ   ── バイエル薬品   ── 参天製薬

出所：日本システム技術株式会社作成

図表6-2-4   各医薬品の売上高（百万円）と前年同月比

医薬品名	2021年3月	2022年3月	前年同月比	売上構成比
パタノール点眼液0.1%	114,222,340	34,817,030	30%	53%
ルセンティス硝子体注キット10mg／mL　0.5mg0.05mL	10,927,600	10,766,900	99%	16%
ルセンティス硝子体内注射液10mg／mL　0.5mg0.05mL	4,660,300	4,017,500	86%	6%
アゾルガ配合懸濁性点眼液	4,371,530	3,997,750	91%	6%
エイゾプト懸濁性点眼液1%	2,964,730	2,450,270	83%	4%
ベオビュ硝子体内注射用キット120mg／mL　6mg0.05mL	1,427,800	2,141,700	150%	3%
その他	9,529,860	7,465,690	78%	11%

注：2022年3月を基準に前年同月比，売上構成比を算出
出所：日本システム技術株式会社作成

　メディカルビッグデータを活用した場合，上記のように年月単位での売上推移や製薬企業の主力商品の売れ行き，さらに医薬品のスイッチングなどの調査が全医薬品分類で可能である。また，当社のメディカルビッグデータで調査した売上高と製造販売企業公表の売上高との相関関係には一定以上の相関がみられるケースもあり，製薬企業の売上予測の一指標として，メディカルビッグデータの活用が可能といえる。

Ⅳ　さいごに

　今回は製薬企業の売上予測の一指標として，オルタナティブデータとしてのメディカルビッグデータ活用の事例を紹介した。昨今では，機関投資家側，消費者側から見て，投資先や金融商品の組成，商品購入先の選定の基準としても，ESGへの関心と重要性が高まっている。また，当社の持つオルタナティブデータを活用したESG投資などの相談も寄せられており，メディカルビッグデータは今後需要が増していくデータであるといえる。

　これまでメディカルビッグデータのみで投資の指標や事業として活用できる企業は，製薬企業や医療機器メーカーに限られていた。昨今では，位置情報データや気象データなどと組み合わせることで，調剤薬局の新規開店や改装といったマーケティング活用や，医療機関における経営支援コンサルティングなどの活用事例が増加している。このように，従来企業が自社の運営のみに活用していたクローズドデータを公開し，複数のデータソースを統合して新たな価値を引き出すデータフュージョンなど，さまざまなデータを組み合わせて活用することが注目されている。今後はこのような潮流に乗り，消費者側のデータソース選択肢に入っていくことで，金融業界だけでなく幅広い業種・業界でメディカルビッグデータ活用がますます進んでいくと思われる。

鈴木　悠加（日本システム技術株式会社　未来共創Lab）

第3節　上場会社ディスクロージャー情報の活用高度化に向けた取組み

　近年のデータの多様化や分析技術の進展に伴い，新たな投資機会やビジネスの創出，業務オペレーションの効率化およびコストの削減等に資する新たなデータ配信やデータ配信の仕組みの改善を求める声が高まっている。日本取引所グループ（JPX）では，JPXグループ各社のデータ・デジタル事業を集約したJPX総研を2022年4月に設立し，市場全体の機能強化と効率化につながる

サービスの創造を追求している。

　本節では，上場会社ディスクロージャー情報の活用高度化に向けた取組みについて紹介する。

I　投資家向けイベントの議事録の配信 -SCRIPTS Asia-

　上場会社による投資家向けの決算説明会等のイベントは，重要なIRイベントの1つである。一方で，タイミングの集中，言語，地理的な障壁や時差等，さまざまな要因によりイベントに出席できず，重要な情報を十分に取得できないことが世界の投資家の間で情報格差を生んでいた。

　これらの課題を解消するために，投資家向けイベントの議事録（イベントトランスクリプト）の作成・配信をするSCRIPTS Asiaと2020年に業務提携を行い，2023年2月に同社を完全子会社化した。同社は，2024年4月現在，日本企業は1,100社以上，主要インデックス組入銘柄の8割超の企業をカバーしており，年間2,500以上の企業イベントの書きおこしを提供している[10]。投資家向けイベントの議事録を，日本語の速報版はイベント終了の90分後に，確報版は9時間後に，英語は15時間程度で提供しており，クオンツユーザー向けにXMLおよびJSONファイルを配信している。

　議事録を作成するスピードの速さと書きおこしの品質の高さが特徴であり，IR担当者の負担を大幅に軽減できるほか，投資家にとっては情報収集の効率化や深度ある対話の実現に寄与している。

10　SCRIPTS Asiaの投資家向けイベントの議事録の詳細については，以下のウェブサイトを参照。
　　https://www.jpx.co.jp/markets/paid-info-listing/transcripts/index.html

図表6-3-1　イベントトランスクリプト配信の流れ

出所：日本取引所グループ

図表6-3-2　イベントトランスクリプトの活用事例

出所：日本取引所グループ

　また，金融サービス向けビッグデータ分析のリーディングプロバイダーであるRavenPackは，SCRIPTS Asiaが作成した，投資家向けイベントの議事録をもとに自然言語処理を活用した投資モデルを作成し，ホワイトペーパーを公表した[11]。各イベントトランスクリプトのセンチメントスコアを算出し，そのセンチメントスコアをもとに，シグナルの生成を行った。このシグナルとニュースを基に作成したシグナルを用いた合成ポートフォリオは，両方のシグナルを組み合わせることで，単体のシグナルを用いたモデルよりも高いパフォーマンスとなったほか，インフォメーションレシオも大型株・中型株のポートフォリオでは1.5に，小型株のポートフォリオでは2.4となった。このように，イベン

11　RavenPackが作成したホワイトペーパーについては，以下のウェブサイトから取得可能である。
https://www.ravenpack.com/research/trading-earnings-call-transcripts-in-apac-markets?utm_source=linkedin&utm_medium=social&utm_campaign=scriptsasia_wp

トトランスクリプトを用いて，新たな投資戦略の策定にも利用することが可能である。

図表6-3-3　イベントトランスクリプトのセンチメントシグナルを利用したバックテスト結果

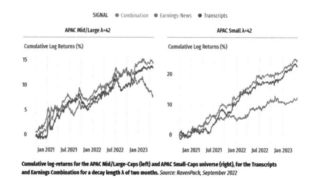

出所：RavenPack社ウェブサイト

Ⅱ　ESG情報に関する取組み-JPX ESG Link-

　統合報告書・サステナビリティレポート等のESG報告書は1,000社以上の東証上場会社が任意で作成・開示している。これらの情報は，TDnetでの開示のほか，上場会社のウェブサイトに掲載されている。また，一元的に全社の情報を収集できるサイトが存在しないために，投資家は各上場会社のウェブサイトを個別に確認せざるを得ず，情報収集に多大なコストと手間がかかっていた。

　これらの課題を解消するために，DATAZORAと連携し，上場会社のESG報告書やESG関連のニュースリリースを一元的にご覧いただけるウェブサイトである「JPX ESG Link」を開設した（図表6-3-4）[12]。本ウェブサイトでは，

12　JPX ESG Linkは，以下のURLから閲覧可能である。
　　https://jpx.esgdata.jp/app

東証上場会社各社のウェブサイト上で開示されているESG関連ニュースおよび統合報告書，CSRレポート，環境報告書やサステナビリティレポートといったESG情報を含む報告書の掲載URL等を一覧化している。掲載URL等の収集はDATAZORAが行うため，上場会社にとってはIR実務負担の増加とならずに，より広範な投資家や株主等に自社のESG関連情報を伝達できるようになった。さらに，投資家や株主等にとっては各社のウェブサイトへのアクセシビリティが向上し，情報収集の負担軽減につながることが期待される。

図表6-3-4　JPX ESG Link

出所：日本取引所グループ

　また，他の開示情報と同様，掲載ファイルをよりデジタルな形で取得したいというニーズも存在することから，有償でのサービスを用意している。JPX ESG Linkに掲載されるESG関連情報と同等の情報を取得できるAPIサービスのほか，ESG関連情報に加え，上場会社が自社ウェブサイト上で開示している

幅広いIR情報・PR情報（EDINETやTDnetでは開示されていない情報を含む）を取得できるAPIサービスや，統合報告書やサステナビリティレポートといったESG情報を含む報告書および上場会社ウェブサイトのサステナビリティ関連ページから非財務データを抽出したファイル（CSV）・ウェブサイト・APIサービスの提供も行っている[13]。

Ⅲ 決算短信のHTML化

　決算短信は，上場企業の決算発表の内容をまとめた書類であり，投資判断上重要な書類の1つである。決算短信には，決算情報だけでなく，経営成績等の概況や将来予測に係る記載，セグメント情報といった定性的情報が含まれており，情報の利活用に係るニーズは強い。これらの開示はPDF形式で配信されているが，データとして取り出しやすい形式で配信してほしいという声が多く寄せられていることから，2021年12月より，決算短信のHTML化に関する共同実証実験を開始した。

　本実証実験を開始して以来，四半期ごとにHTMLファイルを開示している上場会社数は増加しており，2024年5月末日時点で，累計で3,200社超（上場会社数に対する割合は8割超）の上場会社が任意で開示いただいている（図表6-3-5）。

13　上場会社ESG情報関連サービスの詳細は，以下のウェブサイトを参照。
　　https://www.jpx.co.jp/markets/paid-info-listing/esg/index.html

図表 6-3-5　決算短信HTMLファイルの開示社数および開示率（累計）推移

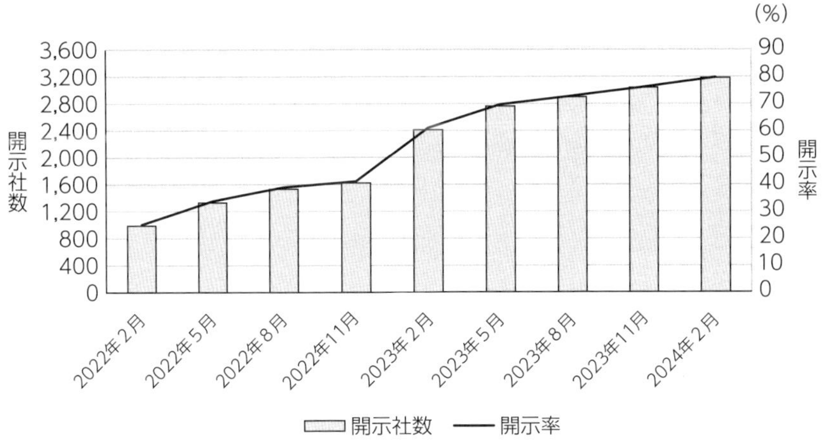

（縦軸左：開示社数　0〜3,600、縦軸右：開示率（％）0〜90）

横軸：2022年2月、2022年5月、2022年8月、2022年11月、2023年2月、2023年5月、2023年8月、2023年11月、2024年2月

凡例：□ 開示社数　― 開示率

出所：日本取引所グループ

　2022年6月および12月に公表された金融審議会ディスクロージャーワーキング・グループ報告において，金融商品取引法上の四半期報告書（第1・第3四半期）を廃止し，取引所規則に基づく四半期決算短信に一本化する方向性が示され，その後，「金融商品取引法等の一部を改正する法律」（令和5年法律第79号）が2023年11月に成立し，四半期報告書（第1・第3四半期）が四半期決算短信に一本化されることとなった。このような中，東京証券取引所は，「四半期開示の見直しに関する実務検討会」における検討を踏まえ，2023年11月22日に「四半期開示の見直しに関する実務の方針」，12月18日に「金融商品取引法改正に伴う四半期開示の見直しに関する上場制度の見直し等について」（制度要綱及び決算短信・四半期決算短信作成要領等）を公表した。この中で，決算短信のデータ配信形式については，実証実験における経験や，情報ベンダーの情報取得手段の継続性，個人投資家を含む幅広い情報利用者の利便性，上場会社における実務負担への影響などを踏まえて見直しを行うこととし，上場会社に対して，XBRLおよびHTMLの提出を「義務」とする旨を公表した。

　本新制度は，2024年4月1日以後に開始する四半期会計期間（第2四半期を

除く）に係る四半期決算短信から適用となるため，2024年7月以降に，新制度が適用される決算短信から，HTMLファイルの提出が義務化されることとなった。

保坂 豪（株式会社JPX総研　フロンティア戦略部　現：株式会社日本証券クリアリング機構 清算リスク管理部 統合リスク管理グループ統括課長）

PART Ⅲ

オルタナティブデータ活用にあたっての
法的論点

126　PART Ⅲ　オルタナティブデータ活用にあたっての法的論点

　金融業界におけるデータの重要性はますます高まってきている。例えば，資産運用業界においては，これまで伝統的に株価や金利などの資本市場データや企業の財務データ，政府統計などを用いて投資判断が行われてきた。しかし，近年のデジタル化の進展とテクノロジーの発展により，新たな種類のデータが注目を浴びてきている。その新たな種類のデータの総称が，オルタナティブデータだ。

　オルタナティブデータは，伝統的なデータソースには含まれない，非伝統的な情報源から収集されるデータである。例えば，クレジットカードの決済データやソーシャルメディアの投稿，ウェブトラフィックデータ，位置データ，さらには気象データも含まれる。これらのデータは，金融業界における投資判断やリスク管理，市場予測などに有益な示唆を提供する可能性があり，日本においても急速に市場が拡大している。

　しかし，オルタナティブデータの利用には，事前に考慮すべき論点が存在する。その1つが法的論点である。金融業界では，もともとインサイダー取引などの不正行為に対する規制に加え，顧客のプライバシーやセキュリティを守るために，法的な要件が厳格に定められている。オルタナティブデータは，これまで伝統的に使われてきたデータとは異なる性質を有するため，法的論点についても，従来の確認事項に加え，これまでは考慮する必要がなかったような論点の確認も必要になってくる。

　また，オルタナティブデータの利用には，データソースの信頼性や透明性に関する問題もある。伝統的なデータと異なり，新しく出てきたデータであることから，データの収集元が正確で信頼性のあるものか，データ提供者に継続的にデータを提供する体制があるか，またデータ提供者がデータの利用を了承しているかなどについても確認する必要がある。

　このような論点を網羅的に確認することは容易ではない。オルタナティブデータ推進協議会の調査では，このような論点への対応方法および体制が確立されておらず，また参考となる事例も少ないことから，オルタナティブデータの導入を躊躇するケースが実際に生じていることが明らかになっている。

　そこで，そのような課題に対して，オルタナティブデータ推進協議会では，米国の金融情報産業の事業者団体であるFinancial & Information Services

Association（以下，FISD）が作成したチェックリストを参考に，日本法や日本での実務を踏まえて，オルタナティブデータの取得・購入を予定する者が主に確認しておかなければならない事項についてまとめた「オルタナティブデータ質問事項リスト（DDQ）」を作成した（次頁図表）。

DDQは，「提供者に関する確認事項」「データに関する一般的確認事項」「適応法令に関する確認事項」「法令遵守体制に関する確認事項」の４つのパートから構成されている。第一のパートでは，デューデリジェンスを行う上での基本的事項にあたるデータ提供者の企業情報や照会先について確認する。第二のパートでは，対象データついての詳細な点検を行う。ここでは，対象データの基礎情報に加え，データ提供者とローデータの関係性や，データの取得経路・保管場所についても確認する。オルタナティブデータでは，データ提供者とローデータ保有者が異なるケースが多く，また，データの取得場所や保管場所によっては，海外の法令や慣習に従う必要があるためだ。第三のパートでは，対象データが，インサイダー取引規制，個人情報保護法，著作権，不正アクセス禁止法などの関連法規制に違反する可能性があるかどうかについてチェックする。ここでは，関連法令の要件に対象データが該当するか否かのチェックに加え，単体のデータでは要件に該当しないが，他のデータセットとの組み合わせで該当する可能性が生じるケースについても確認を実施している。最後に，第四のパートでは，前述の関連法令に対して，データ提供者に継続的に遵守する体制が整っているか，またそのための社員教育・研修を行っているか，などについて確認を行う。DDQについては，オルタナティブデータ推進協議会のホームページ上で一般公開しており，誰でも自由に利用することが可能となっているため，オルタナティブデータの取得や購入を検討する際には，活用してみてほしい。

PARTⅢでは，オルタナティブデータを取り扱う上で考慮すべき法的論点のうち，特に金融商品取引法と個人情報保護法に焦点を当てて解説する。第７章では，インサイダー取引規制を含む金融商品取引法について，オルタナティブデータにはPOSデータのように企業業績と関連性のあるデータが含まれることもあるため，その適応を受けるケースやデータを取得する際に考慮しておくべき事柄について解説する。第８章では，個人情報保護法について，どのような種類のオルタ

128　PARTⅢ　オルタナティブデータ活用にあたっての法的論点

図表　オルタナティブデータ質問事項リスト（DDQ）

項目		質問事項
1．提供者に関する確認事項		・会社の商号 ・事業の概要 ・本店所在地 ・従業員数 ・設立年月日，など
2．データに関する一般的確認事項	2.1　一般的な確認事項	・本データの名称 ・本データの内容の詳細 ・本データ提供開始時期 ・本データのアクセス制限の有無
	2.2　本データのデータセットの詳細確認	・本データの詳細 ・本データ取得経路，保管場所 ・本ローデータの詳細 ・本ローデータの提供者・取得経路，など
3．適用法令に関する確認事項	3.1　インサイダー取引規制	・インサイダー情報の有無 ・法人関係情報の有無，など
	3.2　個人情報	・個人情報の有無 ・業界共通IDの有無 ・匿名加工情報の有無 ・データの禁止・制限，など
	3.3　その他	・契約上の義務 ・第三者への提供制限の有無 ・各適応法令への遵守状況，など
4．法令遵守体制に関する確認事項		・法的遵守責任部署の詳細 ・社内教育体制 ・社内ルール ・過去の訴訟事案の有無，など
（別紙）1．ウェブ・スクレイピング		・利用規約遵守状況 ・IPアドレス利用状況について ・スクレイピング手法 ・著作物の有無 ・情報の管理方法，など
（別紙）2．デジタル端末等		・閲覧傾向監視状況 ・位置情報の取得状況 ・開発ガイドラインへの適合状況，など

出所：オルタナティブデータ推進協議会作成

ナティブデータにおいて個人情報保護法が関係してくるのか，またその要件について解説を行う。

　本PARTⅢを通じて，金融商品取引法や個人情報保護法といったオルタナティブデータを取り扱う上で考慮すべき主要な法令についての理解を深め，オルタナティブデータの取得・活用を検討する際の有益となれば幸いである。

中村 卓雄（三井住友トラスト・アセットマネジメント株式会社　DX推進部次長）

130　PART Ⅲ　オルタナティブデータ活用にあたっての法的論点

第7章

金融商品取引法上の情報規制

1．インサイダー取引規制について[1]

(1)　インサイダー取引規制の概要

　インサイダー取引規制（金融商品取引法（以下「金商法」という。）166条）は，上場会社と一定の関係にある者が，投資者の投資判断に影響を及ぼすような未公表の内部情報（重要事実）を知りながら，それが公表される前に当該上場会社の有価証券の取引を行うことを禁止することにより，証券市場の公正性と健全性を維持するとともに，証券市場に対する投資家の信頼が失われることを防止するための規制である。

　具体的には，インサイダー取引規制は，有価証券の取引のうち，①上場会社等の内部者である「会社関係者」および「会社関係者」から情報の伝達を受けた「第一次情報受領者」が，②上場会社等に係る業務等に関する未公表の重要事実（インサイダー情報）を知りながら，③当該上場会社等の特定有価証券等[2]の売買等を行うことを禁止している（金商法166条1項，3項）。なお，公

1　オルタナティブデータに関係する金融商品取引法上の論点としては，インサイダー取引規制および後述する法人関係情報規制のほか，オルタナティブデータおよびそれを分析した情報の提供が投資助言行為に該当するか等の論点もあるが，本章では紙幅の関係からそれらについては取り上げないこととする。

2　特定有価証券等は「特定有価証券」と「関連有価証券」に区別される（金商法163条1項）。「特定有価証券」とは，株券，新株予約権証券，社債券（金融商品取引法施行令（以下「金商法施行令」という。）27条1号，有価証券の取引等の規制に関する内閣府令25条1項各号に定めるものを除く。），優先出資証券またはこれらの有価証券の性質を有するもので上場等されている外国証券等の金商法施行令27条の3に規定される有価証券をいう。「関連有価証券」とは，カバードワラント等金商

開買付けに関する情報を規制するインサイダー取引規制もあるが（金商法167条），オルタナディブデータにおいて問題となることは通常想定されないため，本章では省略する。

① 「会社関係者」および「第一次情報受領者」について

インサイダー取引規制の対象となるのは，「会社関係者」[3]および会社関係者から情報を受領した「第一次情報受領者」に限られる。

このうち，「会社関係者」とは，(i)上場会社等の役員，代理人，使用人その他の従業者，(ii)上場会社等の会計帳簿閲覧請求権等を有する株主等，(iii)上場会社の投資主等，(iv)上場会社等に対して法令に基づく権限を有する者[4]，(v)上場会社等と契約を締結している者または締結の交渉をしている者，(vi)(ii)，(iii)または(v)に該当する法人の役員等をいう[5]。

次に，「第一次情報受領者」とは，上記の「会社関係者」から当該「会社関係者」が知った未公表の「重要事実」[6]の伝達を受けた者，または，職務上当該伝達を受けた者が所属する法人の他の役員等であって，かつ，その者の職務に関し「重要事実」を知った者をいう（金商法166条３項）。

インサイダー取引規制が適用されるのは，上記の「会社関係者」または「第一次情報受領者」に限られるため，「第一次情報受領者」から「重要事実」の伝達を受けた者（第二次情報受領者）やそれ以降の情報受領者にインサイダー取引規制の適用はない。ただし，誰が実質的な「第一次情報受領者」に該当するかについては，個別具体的に判断されるものであり，必ずしも会社関係者から物理的・形式的に直接情報を受領した者が「第一次情報受領者」に該当する

　　法施行令27条の４各号に規定される有価証券をいう。
　　インサイダー取引規制との関係では，上場株式が問題となることが多い。
3　会社関係者でなくなった後１年以内はインサイダー取引規制が適用される（金商法166条１項）。
4　例えば，監督官庁の関係者
5　上記会社関係者の各主体に応じて，それぞれ(i)その職務に関し知ったとき，(ii)当該権利の行使に関し知ったとき，(iii)会計帳簿閲覧等の請求権の行使（会社法433条３項）に関し知ったとき，(iv)当該権限の行使に関し知ったとき，(v)契約の締結もしくはその交渉または履行に関し知ったとき，(vi)その者の職務に関し知ったときに規制の対象となる。
6　脚注５に記載の方法により知った場合に限る。

ものではない。

② 「未公表の重要事実」について

インサイダー取引規制は，上場会社等に係る業務等に関する「未公表の重要事実」を知っている場合に適用される。重要事実の内容は基本的には個別に法定されており（金商法166条2項），上場会社等の一定の業務執行に係る決定事実（同項1号）や上場会社等の一定の発生事実（同項2号），上場会社等の売上高等に関する情報（同項3号）のほか，「上場会社等の運営，業務又は財産に関する重要な事実であって投資者の投資判断に著しい影響を及ぼすもの」（同項4号）という包括的な重要事実を定める条項（いわゆるバスケット条項）もあるため，重要事実の定義は広いものとなっている。

また，「重要事実」が公表されたといえるためには，当該「重要事実」について，金融商品取引所において開示されたことや，有価証券報告書が公衆の縦覧に供されること等，法令の要件を満たす方法で外部に開示されることを要する（金商法166条4項，金商法施行令30条）。

③ 「有価証券の売買等」について

インサイダー取引規制は，未公表の重要事実を知りながら，当該重要事実に係る上場会社の特定有価証券等の売買等を行う場合に適用される。

「売買等」には，「売買その他の有償の譲渡若しくは譲受け，合併若しくは分割による承継又はデリバティブ取引」（金商法166条1項）が含まれる。

(2) オルタナティブデータの取引への適用場面

インサイダー取引規制がオルタナティブデータの取引へ適用される場面は，以下のとおり，①データ・情報を取得する主体および②データ・情報の「重要事実」該当性の観点から相当限定されると考えられる。

① データ・情報を取得する主体について

インサイダー取引規制が適用されるのは，上記(1)①のとおり，「会社関係者」および「第一次情報受領者」のみであり，第二次以降の情報受領者を規制対象としていない。

データソースの提供者が「会社関係者」である場合[7]には，当該データを購入した者が「第一次情報受領者」となるため，データ購入者にインサイダー取引規制の適用があることとなり，当該データが未公表の重要事実に該当するか否かを検討することが必要となる。しかし，それ以外の場合には，データソースが上場会社等であるときでも，データ提供者（販売者）が「第一次情報受領者」であって，データ購入者は「第二次情報受領者」となることが多いと考えられ，データ購入者自身が第一次情報受領者となることは少ないように思われる。そのため，オルタナティブデータの購入者にインサイダー取引規制が適用されることは通常は想定されない。

② データ・情報の「重要事実」該当性

オルタナティブデータは，金商法166条2項に列挙されている個別の重要事実には直接的には該当しないが，例えば，小売企業（上場会社）から当該企業の全店舗のPOSデータの提供を受けて，データ購入者において，当該企業全体の売上高等のデータが蓄積されることで，決算数値に前期実績値との比較で重要な差異が生じることが明らかとなる場合であれば，提供されたデータが決算情報（同項3号）または上述のバスケット条項（同項4号）に該当する可能性もあると考えられる。しかし，通常はオルタナティブデータ単体では決算情報が明らかにならないことや，投資家においてもオルタナティブデータは投資判断のための材料の1つという位置づけに過ぎず，当該データのみで「投資者の投資判断に著しい影響を及ぼす」とまでは言えないことを理由として，オルタナティブデータは「重要事実」に該当しないことが多いであろう。

---

7 例えば，データ提供者が上場会社等との契約に基づき取得したことで「会社関係者」に該当する場合（金商法166条1項4号）で，当該上場会社等のデータを提供するとき

134   PARTⅢ   オルタナティブデータ活用にあたっての法的論点

なお，オルタナティブデータについて，法定の方法で開示されることは通常は想定されない。もし，「重要事実」に該当するオルタナティブデータを取得した場合，その後未公表の状態が継続することとなり，実務上は大きな支障となりかねない。このような観点も踏まえて，オルタナティブデータの「重要事実」該当性を判断し，取得することが必要となるように思われる。

2. 法人関係情報規制について

(1) 法人関係情報規制の概要

金商法では，証券市場の公正性を確保する観点からの規制として，上記１の投資者全般を対象として刑事罰が適用されうるインサイダー取引規制（金商法166条）のほか，これを補完する形で金融商品取引業者等が行う取引について一定の規律を求めるための行為規制が整備されており[8]，その一環として，法人関係情報規制が設けられている。

法人関係情報規制は，「金融商品取引業者等」を対象として，「法人関係情報」を提供して顧客に対して株式等の取引の勧誘を行うこと，顧客に利益を得させること等を目的として「法人関係情報」の公表前に株式等の取引を行うことを勧誘すること，および自ら「法人関係情報」に基づいて株式等の取引を行うこと等を禁止するものである（金商法38条９号，金融商品取引業者等に関する内閣府令（以下「金商業府令」という。）117条１項14号，14号の２，16号）。また，「金融商品取引業者等」は，「その取り扱う法人関係情報に関する管理又は顧客の有価証券の売買その他の取引等に関する管理について法人関係情報に係る不公正な取引の防止を図るために必要かつ適切な措置を講じて」おくことが求められる（金商法40条２号，金商業府令123条１項５号）。

そのため，「金融商品取引業者等」が情報を購入する際（「金融商品取引業者

8　金融庁「「金融商品取引法制に関する政令案・内閣府令案等」に対するパブリックコメントの結果等について（平成19年７月31日公表）」中の「コメントの概要及びコメントに対する金融庁の考え方」における「Ⅰ．金融商品取引法関連」の「●金商業等府令における定義等」No.9および10

等」に情報を販売する際）には，当該情報が法人関係情報に該当するか否かが重要であり，この点について検討する必要がある。

① 「金融商品取引業者等」について

　法人関係情報規制が適用されるのは「金融商品取引業者等」であり，「金融商品取引業者等」とは，金融商品取引業者または登録金融機関をいう（金商法34条）。「金融商品取引業者」には，(i)第一種金融商品取引業者，(ii)第二種金融商品取引業者，(iii)投資運用業者および(iv)投資助言・代理業者が含まれる（金商法2条9項，29条，28条1項～4項）。また，「登録金融機関」には書面取次ぎ行為等の一定の行為を行うものとして登録を受けた銀行，協同組織金融機関等が含まれる（金商法33条，33条の2）。

② 「法人関係情報」について

　「法人関係情報」とは，「法第163条第1項に規定する<u>上場会社等の運営，業務又は財産に関する公表されていない重要な情報であって顧客の投資判断に影響を及ぼすと認められるもの</u>並びに法第27条の2第1項に規定する公開買付け（同項本文の規定の適用を受ける場合に限る。），これに準ずる株券等（同項に規定する株券等をいう。）の買集め及び法第27条の22の2第1項に規定する公開買付け（同項本文の規定の適用を受ける場合に限る。）の実施又は中止の決定（法第167条第2項ただし書に規定する基準に該当するものを除く。）に係る公表されていない情報」をいう（金商業府令1条4項14号）。

　法人関係情報は定義が抽象的であり，インサイダー取引規制における「重要事実」と異なって，その内容が個別具体的に法定されていない。また，インサイダー取引規制上のバスケット条項では，「上場会社等の運営，業務又は財産に関する重要な事実であって投資者の投資判断に著しい影響を及ぼすもの」と規定されているのに対し，「法人関係情報」は，「上場会社等の運営，業務又は財産に関する公表されていない重要な情報であって顧客の投資判断に影響を及ぼすと認められるもの」とされており，「著しい」との限定がない分，「重要事

実」に比べて「法人関係情報」の方がより広範な概念といえる。

　また，法人関係情報規制では，インサイダー取引規制において第一次情報受領者までに規制が限定されていたのと異なり，情報の取得源によって規制対象が絞られていない。すなわち，上記の要件を満たす情報は，その取得源にかかわらず，「法人関係情報」に該当する。裁判例（東京地判平成29年4月21日判タ1458号196頁）では，「法人関係情報の意義を定める府令1条4項14号は，法人関係情報を他者から知った情報や確定的な情報に限定しておらず，推測によって得られた確定的でない情報も，文理上，法人関係情報に含まれ得ること，このような情報であっても，その確度ないし信憑性の程度によって顧客の投資判断に影響を及ぼすと認められる重要な情報となり得ることからすれば，推測によって得られた確定的でない情報であるからといって，法人関係情報に該当し得ないということはできない」として，情報源や当該情報の確実性が必ずしも「法人関係情報」該当性に影響しないとしたものがある。

⑵　オルタナティブデータの取引への適用場面

　法人関係情報規制のオルタナティブデータの取引への影響は，①規制の対象および②取引の客体（データの性質）の観点から限定的である。

①　規制の対象

　法人関係情報規制が適用されるのは，「金融商品取引業者等」であり，「金融商品取引業者等」とは，金融商品取引業者または登録金融機関をいう。そのため，オルタナティブデータの取引に「金融商品取引業者等」が関与しない場合には，そもそも，法人関係情報規制は問題とならない。

　また，「金融商品取引業者等」についても，自らがオルタナティブデータの提供者となることや，提供の際に株式等の取引の勧誘を行うことは想定しがたいことからすれば，オルタナティブデータの取引で法人関係情報規制が問題となりえるのは，データ購入者が「金融商品取引業者等」であり，法人関係情報を取得したことにより上記の法人関係情報に関する規制が課される場合である

と考えられる。オルタナティブデータはその性質上公表[9]されることはないと考えられるため，もし，法人関係情報に該当するオルタナティブデータを取得してしまうと，金融商品取引業者等は長期間にわたり法人関係情報を保有し続けることになりかねない。そのため，金融商品取引業者等はオルタナティブデータの取引にあたり，購入するデータが「法人関係情報」であるかを確認する必要があり，反射的にデータ提供者も提供するデータが「法人関係情報」であるかを確認することが求められる。一方で，データ購入者が「金融商品取引業者等」ではない場合には，上記のとおり，そもそも法人関係情報規制の適用がないため，購入するデータが「法人関係情報」であるかを確認する必要はない。

② 取引の客体

法人関係情報規制が適用されるのは，取引の客体であるデータが「法人関係情報」に該当する場合である。

「法人関係情報」は，上記(1)②のとおり概念が必ずしも明確ではなく広範な情報が含まれると解釈される余地が多分にある。そのため，個々の取引データの法人関係情報該当性は個別具体的に判断するしかないが，法人関係情報規制は，データ提供者ではなく，データ購入者である「金融商品取引業者等」に適用される規制であり，また，各「金融商品取引業者等」において「法人関係情報」の解釈に関する方針を有していることも想定されるため，データ提供者側の対応としては，提供するデータに含まれる情報の性質を説明し，データ購入者側である「金融商品取引業者等」に「法人関係情報」該当性を確認することが考えられる。

---

9 インサイダー取引規制と異なり公表の方法は法定されていないが，法人関係情報規制がインサイダー取引規制を補完するものであることからすると，基本的にはインサイダー取引規制と同等の公表措置が求められると解することに合理性があるように思われる。

(3) 法人関係情報規制の今後の課題

「金融商品取引業者等」は，それぞれ「法人関係情報」の取扱いや解釈に関する方針を有していることが想定されるが，近時流通するようになったオルタナティブデータについては，「法人関係情報」に該当するか否かが明らかでないことを理由として，保守的に取扱いを控えるといった萎縮効果が生じる可能性も懸念されている。

オルタナティブデータは，今後も種類の拡大や（投資判断に資する）精度の向上が期待される。日本のオルタナティブデータ市場が健全に成長・発展していくためには，「金融商品取引業者等」によるオルタナティブデータの取扱いに萎縮効果が生じることがないように，「法人関係情報」該当性の線引きが明確になることが望まれる。

山下　聖志（山下総合法律事務所　弁護士）
塚原　雅樹（山下総合法律事務所　弁護士）
若山　遼弥（山下総合法律事務所　弁護士）

第8章

個人情報保護法上の論点

1．データの分類と第三者提供時における個人情報保護法上の義務

(1) オルタナティブデータの二次流通において個人情報がなぜ問題となるか

個人情報保護法は，「個人情報を取り扱う事業者及び行政機関等についてこれらの特性に応じて遵守すべき義務等を定めるとともに」，「個人情報の有用性に配慮しつつ，個人の権利利益を保護することを目的」として制定された法律である（個人情報保護法1条。以下，条番号を表示するときは「法○条」と略す）。

「個人情報」とは，①生存する，②個人に関する情報であって，③特定の個人を識別することができるものをいい（法2条1項），個人情報を取り扱う事業者は，個人情報保護法の適用対象となるほか，遵守しない場合には罰則の対象となりうる。また，こうした「個人情報」を容易に検索することができるように体系的にまとめた「個人情報データベース等」を構成する「個人情報」は，「個人データ」に該当（法16条3項）し，第三者提供の制限など，「個人データ」ではない「個人情報」の場合よりも個人情報取扱事業者の遵守すべき事項が多くなる（法22条～30条）。

個人の動向を捉えるようなデータは，投資家向けにも，事業会社向けにもニーズの高いものではあるが，そのローデータは「個人情報」に該当する場合が多い。

したがって，データ提供者，データ購入者，双方ともに，提供・受領するデータおよび当該データのローデータについて，個人情報保護法の適用の有無や，これらのデータに関する個人情報保護法遵守状況について確認することが必要となる。

(2) データの分類と第三者提供時における個人情報保護法上の義務

データ提供者によるデータ提供については，ローデータをそのまま提供する場合から，ローデータを統計加工して，集計データとして提供する場合など，さまざまな加工度合いが考えられる。

データ分析を行う側の立場からは，データの加工により失われる情報や，加工自体がノイズとなりうることを踏まえると，なるべくローデータに近いデータが欲しいと思うかもしれない。

もっとも，個人情報保護法上は，データの加工度合いによって，適用される規定が異なっており，加工度合いが低く個人を特定しうる状態となっているほど厳格な取扱いが求められる。したがって，ローデータに近いほどリーガルリスクが高く，それを管理するためのオペレーショナルなコストも発生することには注意が必要である。

したがって，どの程度の加工度合いによりデータを提供・受領するかは，データ提供者およびデータ受領者双方にとって，リーガルリスク，オペレーショナルなコストおよびデータ利用目的を勘案して検討することが必要となる。

個人情報保護法上の分類を踏まえ，以降では，加工度合いが低い順に，個人データ，匿名加工情報，統計情報について，データを第三者に提供する際の分類と第三者提供時のデータ提供者・購入者の義務を解説する。

① 個人データを提供・受領する場合

データ提供者の義務

データ提供者が，特定の個人を識別することができないように個人情報を加工することなく，個人データをデータ購入者に提供する場合，個人データの第

三者提供に該当し，あらかじめ本人の同意を得る必要がある（法27条1項）。ただし，法に定められた事項をあらかじめ本人に通知または本人が容易に知りうる状態に置くとともに，個人情報保護委員会に届け出た場合には，あらかじめ本人の同意を得ることなく個人データを第三者に提供することができる（オプトアウトによる第三者提供，同条2項）。また，個人データを第三者に提供したときは，指定事項に関する記録を，提供した都度，速やかに作成しなければならない（法29条1項）。

データ購入者の義務

個人データの第三者提供の場合，データ購入者側も，適切な方法により提供元の氏名および住所，法人の場合には代表者の氏名，および取得の経緯の確認を行う義務があるほか，記録の作成が必要となる（法30条）。また，データ購入者は，受領したデータが個人データに該当することから，個人情報取扱事業者として，当該個人データに関する安全管理措置（法23条），従業者・委託先の監督（法24条および25条），個人データの正確性確保および不要となった個人データの消去（努力義務，法22条）などの義務を負うこととなる。

第三者提供の場合，誰にとって「他の情報と容易に照合することができ」ると個人情報に該当するのか

ある情報を第三者に提供する場合に，それが個人データの第三者提供に該当するかは，実務上は，当該情報の提供元である事業者において他の情報と容易に照合することができ，それにより特定の個人を識別することができるかによって判断する提供元基準が採用されている[10]。

データ購入者が投資家や証券会社等である場合，データ提供者であるデータホルダーやデータベンダーにおいては特定の個人と照合できるデータベースを有しないが，提供先となるデータ購入者の投資家等では，同分野のデータを収集していることから，自己の保有するデータベースと突合することにより個人を特定できることが想定しうる。この場合，当該データの提供自体は，提供元

---

10 個人情報保護委員会事務局「『個人情報の保護に関する法律についてのガイドライン（通則編）（案）』に関する意見募集結果」（2016年11月30日）No.19

基準によれば，個人データの第三者提供には該当しない。

　もっとも，こうした場合には，提供元にとっては，当該情報は「生存する個人に関する情報であって，個人情報，仮名加工情報及び匿名加工情報のいずれにも該当しないもの」（個人関連情報，法2条7項）にあたる。そして，個人関連情報を，「個人データ」として提供先が取得することが想定されるときは，提供元から個人関連情報の提供を受けて本人が識別される個人データとして取得することを認める旨の当該本人の同意を，提供先が得られていることを，提供元は確認する義務がある（法31条）。

　また，データ購入者においては，当該情報の取得が個人データの取得に該当することから，個人データとして個人情報保護法に基づく取扱いが必要となる。

② 匿名加工情報を提供・受領する場合

　個人データを第三者提供する場合には，本人の同意の取得等の厳格な対応が求められることとなるが，データ購入者にとっては，個人を特定できなくても十分に投資判断や調査分析に有用な場合が考えられる。こうした場合を想定して，個人情報保護法では，本人の同意が得られなくても情報を利用できるよう，個人情報を加工して個人識別性を失わせた情報を「匿名加工情報」として類型化し，その取扱いに一定のルールを設けている。

　「匿名加工情報」とは，特定の個人を識別することができないように個人情報を加工して得られる個人に関する情報であって，当該個人情報を復元することができないようにしたものをいい（法2条6項），個人情報取扱事業者は，個人情報保護委員会規則で定める基準に従い，当該個人情報を加工しなければならない（法43条1項，法施行規則34条）。加工の方法としては，氏名，住所，生年月日，性別の削除などが必要とされている[11]。

　匿名加工情報を第三者に提供する場合，個人データの第三者提供の場合と異なり，本人の同意は不要である。もっとも，データ提供者は，個人情報保護委

11　個人情報の保護に関する法律についてのガイドライン（仮名加工情報・匿名加工情報編）3-2-2

員会規則で定めるところにより，あらかじめ，データ購入者に提供される匿名加工情報に含まれる個人に関する情報の項目およびその提供の方法について，インターネット等で公表するとともに，データ購入者に対して，当該提供に係る情報が匿名加工情報である旨を書面やメールなどで明示しなければならない（法44条，法施行規則38条）。

　また，データ購入者においては，同分野のデータを収集している場合，受領した匿名加工情報と保有するデータベースとを照合することで，個人を特定できてしまう場合が想定されうるが，このような識別行為は法律上禁止されているので注意が必要である（法45条）。

③　統計情報を提供・受領する場合

　「統計情報」は，複数人の情報から共通要素に係る項目を抽出して同じ分類ごとに集計して得られるデータであり，例えば，年齢層や性別でグループ分けして集計したデータなどがこれにあたる。したがって，統計情報は，特定の個人との対応関係が排斥されており，「個人に関する情報」に該当するものではないため，個人情報保護法の規制の対象外となる[12]。

　匿名加工情報と統計情報の違いは，匿名加工情報が，ある1人の人物の購買履歴や移動履歴等の情報など，個人単位の「個人に関する情報」を含むものである一方，統計情報は集計等によって一般に，特定の個人との対応関係が排斥されている点にある[13]。データの購入目的によっては，個人単位でのデータは不要で，集計データで十分に有益である場合もあるほか，個人情報保護法の規制の対象外であることで，リーガルリスクやオペレーショナルコストを匿名加工情報よりも低減させることが可能であることから，統計情報の提供・受領が選択されることは多い。

12　個人情報の保護に関する法律についてのガイドライン（仮名加工情報・匿名加工情報編）3-1-1
13　個人情報保護委員会FAQ Q15-2

2．オルタナティブデータを取得する際に個人情報保護法の観点から実務上確認すべき事項

⑴ 投資家や証券会社等にとっての個人情報保護法上のリスク

前節では，オルタナティブデータの第三者提供時における個人情報保護法上の義務を解説した。では，このような個人情報保護法上の規定を踏まえると，投資家や証券会社等がオルタナティブデータを購入する場合においては，どのようなリスクが生じうるか。

データ購入者にとっては，受領したデータが個人情報に該当すると，当該データについて個人情報保護法の遵守が求められることとなりリーガルおよびオペレーショナルなコストが発生するほか，個人情報の受領を想定していなかった場合には，法令違反の取扱いを行ってしまうことも生じかねない。また，提供を受けるデータが個人情報に該当しない場合でも，例えば匿名加工情報は個人情報保護法の適用を受けるほか，集計された統計情報であっても，ローデータが個人情報保護法に違反して収集・管理されているような場合には，データ提供者からのデータ提供が突然停止され，データ購入者における当該データを用いた投資やオペレーションが思わぬ形で不可能となってしまうリスクもある。

以下では，こうしたリスクを低減するために，実務上確認すべき事項を解説する。

⑵ 個人情報を取得する場合に実務上確認すべき事項

個人情報の第三者提供に関する本人の同意

先述のとおり，個人情報を第三者に提供する場合には，原則として本人の同意を得る必要があることから，データ購入者は，データ提供者が本人の同意を得ているかを確認するべきである。

第8章　個人情報保護法上の論点　　145

個人情報の利用目的の通知等および利用目的の制限

　上述の第三者提供に関する本人の同意を得ていたとしても，データ提供者において個人情報の取得に関し個人情報保護法上遵守すべき事項が遵守されていない場合には，法律に違反した状態となっていることから，データ提供が突然停止し，データ購入者における判断やオペレーションに支障が生じる可能性がある。

　したがって，本人への個人情報の利用目的の通知（法17条1項）や，目的範囲内での利用（法18条1項）など，特に実務上論点となりやすいものについては，データ購入者は，データ提供者による法の遵守状況を確認するべきである。

個人情報取得の経緯

　データ購入者は，個人データの提供を受ける際は，データ提供者による当該個人データの「取得の経緯」を確認しなければならない（法30条1項）。同法では，提供を受けようとする個人データが適法に入手されたものではないと疑われる場合に，当該個人データの利用・流通を未然に防止するために，取得の経緯を確認することを求めている。「取得の経緯」は，「当該個人データの取得の経緯を示す契約書その他の書面の提示を受ける方法その他の適切な方法」（法施行規則22条2項）により確認することとされており，実務上は，本人による同意書面の確認や，データ提供者のホームページに公表されている利用目的，規約等の記載の確認などによるのが適切とされている[14]。

　なお，適法に入手されたものではないと疑われるにもかかわらず，あえて個人データの提供を受けた場合には，法20条1項（適正な取得）違反と判断される可能性がある点注意が必要である[15]。

個人情報保護法以外の個人情報保護規制の適用

　現代では，インターネットを通じてグローバルにサービスを提供できることから，日本企業においても海外に居住する個人に関する情報を取得することが

14　個人情報の保護に関する法律についてのガイドライン（第三者提供時の確認・記録義務編）3-1
　　-2

15　同3-1-2

146　PART Ⅲ　オルタナティブデータ活用にあたっての法的論点

ありうる。こうした場合，日本企業に対し海外の個人情報保護規制が適用されることがありうることから，個人情報保護法以外にも適用される個人情報保護規制がないか確認しておくことが望ましい。

　例えば，「EU一般データ保護規則」（GDPR：General Data Protection Regulation）は，EU域外の事業者に対しても適用される場合がある。

個人情報保護規制の遵守に関する体制の確認

　データ提供者による個人情報保護法およびその他の個人情報保護規制の遵守状況については，確認することが望ましい[16]。確認方法としては，データ提供者の，データの生成，収集，保管，加工及び提供に関して個人情報保護規制を遵守しているという整理・検討の内容を検証することなどが考えられる。

　なお，提供者である個人情報取扱事業者の個人情報保護法の遵守状況を確認した結果，提供される個人データが適法に入手されたものではないと疑われるにもかかわらず，当該個人データの提供を受けた場合には，法20条1項の規定違反と判断されるおそれがある点，注意が必要である。

(3)　匿名加工情報・統計情報を取得する場合に実務上確認すべき事項

　投資家，証券会社等がデータ購入者となる場合，当該データをもとに消費者全体の行動を把握し，調査分析や投資判断に活用することを目的としており，購入したデータで個人を特定することや各個人に関する特性を把握することが有益となる事態は，実際には想定しがたい。したがって，投資家や証券会社等がデータ購入者となる場合，実務上は，個人データではなく，これを基に加工した匿名加工情報や統計情報としてデータを提供・受領する場合が多いことから，こうした場合において実務上確認すべき事項について解説する。

①　意図しない個人情報の取得を防ぐために確認すべき事項

　匿名加工情報や統計情報を提供・受領する場合であっても，ローデータが個

16　同3-1-3

人情報を含んでいる場合，データ購入者にとって，意図せずして個人情報を取得してしまうリスクは存在している。以下では，ローデータに個人情報が含まれている匿名加工情報や統計情報を受領する際に，データ購入者が極力個人情報の取得を回避するために，あらかじめ確認すべき事項ついて記載する。なお，データ提供者にとっても，以下に述べる事項を確認することで，意図せずして個人情報を提供してしまうリスクを軽減できると考えられる。

個人情報が含まれていないことについての明示的なコミュニケーション

　データ購入者は，まずは，受領する当該データに個人情報が含まれているか，データ提供者に確認するべきである。データ提供者が個人情報が含まれていることを知っていたにもかかわらず，データ受領者とデータ提供者のミスコミュニケーション等によって，データ受領者が意図せずに個人情報を受領してしまうことを防げるほか，個人情報が含まれていないことについて，データ提供者の表明保証を得るためである。

データ提供者による個人情報収集の有無と，個人情報の識別体制

　データ提供者が個人情報は含まれていないと認識している場合であっても，実際には個人情報が含まれていることがありうる。例えば，データ提供者が提供する商品またはサービスの一部として個人情報その他の個人に関する情報を収集している場合には，提供データに個人情報は含まれていないとデータ提供者が認識している場合であっても，社内でデータベース化されたものからデータを取り出してデータ受領者に提供する際において，意図せず個人情報が紛れ込んでしまう可能性はなくはない。また，データ提供者が，個人情報の収集段階において，当該情報が個人情報に該当しないと認識している場合もありうる。したがって，データ購入者の立場からは，データ提供者が提供する商品またはサービスの一部として個人情報その他の個人に関する情報を収集しているか，収集する情報に個人情報その他の個人に関する情報が含まれているか否かをどのように識別しているかを，データ提供者に確認することで，データ提供者においても意図しない形で個人情報が紛れ込むリスクを把握することが望ましい。

148　　PARTⅢ　オルタナティブデータ活用にあたっての法的論点

個人情報保護規制の遵守に関する体制の確認

　受領するデータが個人情報に該当しない場合であっても，ローデータが個人情報であるとき，データ提供者においてローデータが適切に取り扱われていないときには，データの受領が突然停止してしまうリスクがある。したがって，個人データの受領の場合と同様に，データ提供者による個人情報保護法およびその他の個人情報保護規制の遵守状況について，確認することが望ましい。

②　匿名加工情報の受領の場合に確認すべき事項

匿名加工情報の有無と，匿名加工の方法の確認

　匿名加工情報の場合においては，先述のとおり，提供する情報が匿名加工情報である旨をデータ提供者がデータ購入者に対して明示する必要があること（法36条4項）や，データ購入者側では識別行為等が禁止されること（法45条）から，データ購入者は，データ提供者に対し匿名加工情報の有無を確認するべきである。

　また，データ提供者においては，個人情報保護法に基づき十分な加工を行って匿名加工情報を作成したと認識していても，実際には法令に基づいていない，不十分な加工となっており，個人情報が残っている可能性も否定できない。そこで，データ購入者としては，匿名加工の方法の概要について，データ提供者に確認し，適切な加工が行われていることを確認することが考えられる。

　なお，法45条では，データ購入者が，「加工の方法に関する情報を取得」することは禁止されているが，ここでいう加工の方法に関する情報とは，それを用いて匿名加工情報の作成に用いられた個人情報を復元することができる情報が該当する。したがって，年齢のデータを10歳刻みのデータに置き換えたというような復元につながらない情報は該当しない[17]。

個人に関する識別子の有無

　データ購入者において，複数の提供者から当該データと元は同一のデータを

17　個人情報保護委員会FAQ Q15-16

受領していることがありうる。また，同一のデータでなくとも，同じような領域におけるさまざまなデータを受領していることがありうる。こうした場合，データ購入者においてデータ同士を突合することなどにより，個人の識別可能性が生じてしまう可能性は否定できない。

　個人情報を消去した場合であっても，業界共通のIDその他第三者も利用する個人に関する識別子がデータに含まれている場合，データ同士の照合が容易となり識別可能性が生じることがありうる。そこで，業界共通のIDその他第三者も利用する個人に関する識別子がデータに含まれているかを確認することは，こうした意図しない識別可能性を低減させるために有効であると考えられる。

　なお，本人識別行為の禁止（法45条）は，「当該匿名加工情報の作成に用いられた個人情報に係る本人を識別するために」他の情報と照合することが要件となるため，識別行為を行おうという意図をもたず，偶然に識別してしまった場合には，直ちに同法に違反するものではない。もっとも，取り扱う匿名加工情報に記述等を付加して特定の個人を識別する状態となった場合には，個人情報の不適正な取得となることから，実務上は，当該情報を速やかに削除することが望ましいと考えられている[18]。

　　　市橋 幸子（株式会社ナウキャスト　Economic Research Unit　ビジネスデベロップメント）

18　個人情報保護委員会FAQ 15-29

付　録

オルタナティブデータFACTBOOK
（2023年調査）

はじめに

　本付録では，オルタナティブデータに関するサーベイ調査である「オルタナティブデータFACTBOOK」の内容を紹介する。このFACTBOOKは，日本国内におけるオルタナティブデータの活用について，現状や将来展望，活用にあたっての課題などをオルタナティブデータ推進協議会（JADAA）の会員へのアンケートを通じて聴取，集計したもので，今回紹介する2023年度版は第2回の調査結果となる。

　このような，オルタナティブデータに関するサーベイ調査の定期的な実施と公表は，私の知る限り，国内では他に例を見ないユニークなものである。また，本調査はJADAAの多様な会員構成を反映して，①データの販売・提供元（セルサイド），②同じく購入・利用先（バイサイド），③両者の間に立って分析を行う受託者など，それぞれの立場による回答の集計値がわかる点も大きな特徴だ。広くオルタナティブデータの活用に関心を持つ方々にとって，有益な情報を提供できる調査であると考えている。

　今回（2023年）のFACTBOOKでは，新型コロナウイルス感染症の負の影響から漸く抜け出しつつある最近の日本経済・社会を念頭に置いて，オルタナティブデータの利用ニーズは低下しているのかどうか，また逆に，新しいニーズが生じている分野はあるか，についても質問している。

　私は2022年に発行した初回のFACTBOOKの序文にて，コロナの収束に伴う高頻度データに対するニーズの減少により，国内外のオルタナティブデータの活用の在り方が「転機」を迎える可能性があると書いた。実際，人出（地区・時間帯別の滞在人口）という高頻度データは，サービス消費の優れたナウキャスト（足もと予測）指標として，感染症の流行下で短期的な振れ幅が拡大した景気のリアルタイム判断に大きな役割を果たした。しかし，その後は，景気の焦点がコロナからインフレの影響へと移っていく中で，足が速い（公表頻度が高い）という人出データのメリットは，以前ほど大きくはなくなっている。

　何より，エコノミストに限らず多くの人々にとって，人出というのは最も理解しやすい，「身近な」オルタナティブデータであった。しかし，コロナの感染症法上の位置づけが季節性インフルエンザと同じ5類に認定された今年5月頃を境に，毎日のニュースで人出情報に接する機会はめっきり減った。オルタナティブデータへの理解や啓蒙という点では，有力な「一般広報」手段を失ったとも言える。

　その一方で私は，前回（2022年）のFACTBOOKで，①日本のオルタナティブデータ市場はまだ黎明期であり，基本的にはその規模や用途は広がっていくこと，②高頻度データには自然災害時の早期状況把握など，コロナ以外の使い道もあるこ

と，③その他，大量の金融データを含む高粒度データや企業の決算開示情報等のテキストデータといったように，オルタナティブデータの定義と範囲は極めて広く，多彩なことも強調した。「転機」は「好機」でもある，と申し上げた。

それでは，今回2023年調査における，実際の利用ニーズの変化はどのようなものであっただろうか。調査結果をみると，ポストコロナの局面を迎えたことによるニーズの低下と，コロナ以外の新たなニーズの継続・増大という双方向の意見が聞かれたが，私の予想以上に，後者のポジティブな声の方が多く上がったことが印象的であった。具体的には，オルタナティブデータの利用ニーズの低下を指摘する回答は，「一般的な認識」においては全体の約4分の1に上ったが，「自社としての現実のニーズ」が低下していると答えた先は全体の1割にも満たない低い割合だった。

実際に最近利用が拡大している分野についての自由回答欄では，高粒度データやwebデータ，webスクレイピングによる情報収集などのほか，市場のボラティリティ上昇の予兆把握などの金融分析，不動産賃貸や地図データ関連のビジネス，GPTを含むAI関連分野など，まさに多彩な実例が挙がった。社会にまだ広く浸透していないとはいえ，個々のビジネスやリサーチでは新たな芽がどんどん生まれている様子がうかがわれる。

また，今回の調査では，データ活用時に直面する課題の解決手段や方向性についても問うている。

データ活用時の課題自体については，今回も初回の調査結果と同様に，コスト（利用料金）の高さ，データの信頼性や継続性の担保，専門人材の不足，法制度の未整備などが回答に挙げられた。こうした課題が一昼夜で解決できるものではないことを考えれば，この点は事前の想像にも難くなかったところだ。そこで今回調査においては，それらの課題を解決し，オルタナティブデータの活用を一段と推進するためにはどのようなアクションが必要なのか，という点も合わせて問うている。

この点に関する調査結果をみると，「自主ルールの策定」と「ユーザーのニーズ把握」がそれぞれ50％と（複数回答制），最も多い回答となった。一方，私自身はやや意外だったが，「政府への働きかけ」という回答の割合は25％と低めであった。この結果だけで断定的なことは言えないが，デジタル市場のルール整備やデータ流通の活性化を進める政府・自治体等への働きかけや連携は重要であるものの，民間企業や業界団体としては，それ以前に自らの手で開拓・深耕していかねばならないタスクがまだ多いことを示唆しているのかもしれない。なお，海外等の先行事例から学ぶ，という回答も比較的多く（33％），国際的な交流，特に欧米のデータ先進国との連携も必要とされている。

近年，オルタナティブデータの利用価値が認識されていくにつれて，それを広く社会で共有するよりも自社のビジネスで戦略的に活用したいと考える企業が増えて

きているように，1人のユーザーとして感じている。自由主義・競争経済の下では極めて自然な発想・行動で，それ自体には何の問題もないが，個々の企業や組織の利益を追求していくだけでは，デジタル化やオルタナティブデータの活用の裾野はなかなか広がっていかないかもしれない。いかにしてオルタナティブデータの活用推進を，業界全体，日本全体で持続性のある取組みにしていくか，それが強く問われる局面が到来しているのではないだろうか。今回のFACTBOOKがその一助となることを願っている。

SOMPOインスティチュート・プラス株式会社
プリンシパル兼エグゼクティブ・エコノミスト　亀田　制作

1．本調査とオルタナティブデータ推進協議会について

(1) オルタナティブデータとは

　オルタナティブデータとは，デジタル化の進展などを背景に，金融機関や一般企業，エコノミスト等が新たに利用することが可能になったさまざまなデータの総称であり，公的統計など伝統的なデータと区別するための用語である。オルタナティブデータの代表的な例として，POS売上データや経済ニュース，気象情報や位置情報などがある。このような従来は活用が難しかったデータ群が，機械学習や自然言語処理の発展，コンピュータの性能向上などによって注目を集めるようになっている。オルタナティブデータは，もっぱら金融機関や投資家が資産運用を効率化するために参照されてきたが，近年では事業会社による事業開発や公的機関による社会情勢の把握に活用されるなど，活躍の場が急速に広がっている。

図表1-1　オルタナティブデータとトラディショナル（伝統的）データ

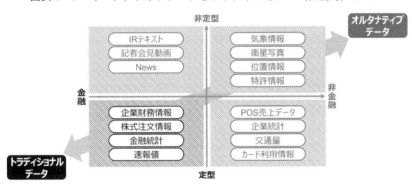

(2) オルタナティブデータ推進協議会について

　世界で活用が進んでいるオルタナティブデータだが，日本ではレギュレーション，人材不足，コストといった点で課題が存在し，活用は道半ばとなっている。こうした課題を業界で一丸となって解決すべく立ち上がったのが，「一般社団法人オルタナティブデータ推進協議会（以下，JADAA）」である。現在，金融機関やデータプロバイダー，データ分析企業など多くの参加者が活動事例や課題の共有を行い，オルタナティブデータの利活用促進に取り組んでいる。

(3) 本調査について

海外ではオルタナティブデータに関する知見が蓄積しつつあり，利用実態についての調査研究も進展している。一方で，日本では「どのようなオルタナティブデータが」，「どのような業種で」，「どの程度利用されているか」といった実情を明らかにする調査が不足している状況だ。

本調査では，前回（2022年調査）に引き続き，国内のオルタナティブデータの活用状況や課題を明らかにするためにJADAAの会員に対し，オンラインでアンケートを実施し，FACTBOOKとして取りまとめた。本調査は一般に広く調査した結果ではないが，オルタナティブデータを実際に用いている，あるいは利用に強い関心がある企業に聴取を行っており，当業界の現状と課題を的確に示していると考えられる。本調査は今後も継続的に行い，日本のオルタナティブデータ動向を定点観測していく予定だ。

(4) 本調査の回答者について

本調査は，JADAAの会員にアンケートを依頼し，下記のとおり，総計54社からの回答を得た。

図表1-2　本調査の回答者

業種	回答数	割合
資産運用業	3	6%
金融保険業（除く資産運用業）	7	13%
メーカー	3	6%
シンクタンク	8	15%
教育機関	1	2%
IT／システム開発	24	44%
その他	8	15%
総計	54	100%

(5) 本調査の集計期間について

本調査は，2023年8月7日～2023年9月15日に集計を行った。

2. オルタナティブデータの利用に関する情報

(1) オルタナティブデータの利用経験

オルタナティブデータの利用経験の有無に対する質問に対しては，78％が「利用経験がある」と回答した。また，利用経験があるとした回答者は，「購入（29％）」，「販売（48％）」，「データ分析受託（24％）」に分かれている。

図表2-1-1　オルタナティブデータの利用経験はあるか？

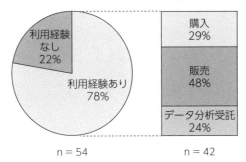

以下では，購入経験がある者を「購入者」，販売経験がある者を「データプロバイダー」，データ分析受託経験がある者を「データ分析受託」，利用経験がない者を「未利用者」と定義する。各主体の関係性は，以下のとおりとなっている。

図表2-1-2　各主体のイメージ

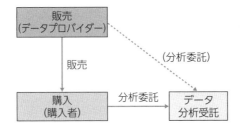

(2) オルタナティブデータの取扱額（購入者）の前年度比

オルタナティブデータの年間取扱金額（購入者）は，今回調査（2023年調査）では「大幅に増えた（25％）」，「増えた（33％）」となった。前回（2022年調査）の「大幅に増えた（50％）」，「増えた（50％）」と比較すると，増加一辺倒ではないものの，依然として増加傾向が続いていることがわかった。

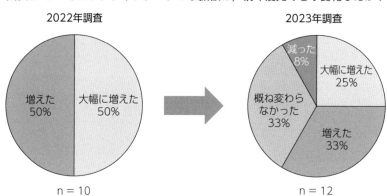

図表2-2　オルタナティブデータの取扱額は，前年度比でどう変化したか？

(3) オルタナティブデータの年間の取扱額の分布

今回，購入者にオルタナティブデータの年間取扱金額をレンジで質問したところ，50％が「500万円未満」と回答した。「500万円以上1,000万円未満」「1,000万円以上3,000万円未満」はそれぞれ17％となっており，3,000万円以上を支出するとの回答は全体の2割弱にとどまった。

オルタナティブデータの単価等を踏まえると，大々的にデータを活用している先は少なく，多くの先で活用は小規模にとどまっていることがうかがわれた。

図表2-3　オルタナティブデータの年間の取扱額はどのレンジか？

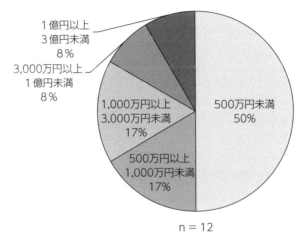

(4) オルタナティブデータの利用開始時期

　オルタナティブデータの利用開始時期は，全体では「2017年以前（45%）」が最多となったが，2018年以降での利用開始も多く，コロナを背景に需要が拡大したことが示唆されている。

　購入者やデータプロバイダー，データ分析受託の内訳をみても，上記の傾向と一致しているが，データプロバイダーの利用開始時期の方が購入者よりも早い傾向にあるようだ。

図表2-4　オルタナティブデータの利用開始時期はいつか？

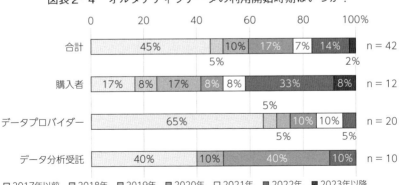

(5) 開始時期別にみた取扱いデータの違い

購入者・データプロバイダー・データ分析受託を対象に，オルタナティブデータを利用開始した時期と，オルタナティブデータの種類の結果をもとに，クロス集計を行った。

コロナ前（2019年以前）からオルタナティブデータの利用を行っている層は，「POSデータ（40％）」，「位置情報データ（32％）」の利用率が高い傾向にあった。

一方で，コロナ後（2020年以降）にオルタナティブデータの利用を開始した層は，「WEBスクレイピングデータ（65％）」や「位置情報データ（41％）」の取扱いが多く，取扱い開始時期によって利用するデータの種類に違いがあることがわかった。

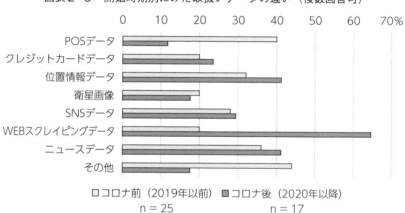

図表2-5　開始時期別にみた取扱いデータの違い（複数回答可）

(6) オルタナティブデータの活用目的

購入者を対象としたオルタナティブデータの活用目的についての質問に対しては,「投資判断・景気予測(92%)」が最も多く,「学術利用(33%)」,「リスク管理(17%)」「マーケティング(8%)」の順となった。

図表2-6　オルタナティブデータをどのように活用しているか？（複数回答可,最大3つまで）

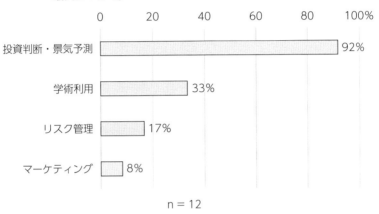

(7) オルタナティブデータを活用する利点

オルタナティブデータを活用するメリットは，リアルタイムにデータが確認できる速報性や，公的統計に比べたカバレッジの広さなどが挙げられる。全体のアンケート結果では，「既存データとの差別化（52％）」が最多で，「既存データとの補完性（48％）」，「速報性（43％）」が続いた。

主体別にみると様相が少し異なる。購入者では「既存データとの差別化（67％）」，「研究対象としての利用（50％）」が上位を占めたが，データプロバイダーでは「速報性（60％）」となっている。

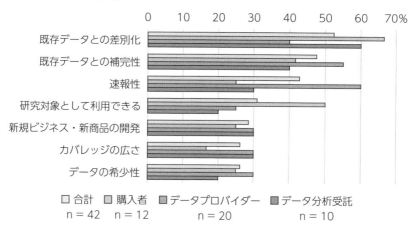

図表2-7　オルタナティブデータを活用する利点は何か？（複数回答可，最大3つまで）

(8) 最も利用頻度が高いオルタナティブデータ

購入者に対して，オルタナティブデータのうち最も利用頻度が高いデータを質問した。

最も利用頻度が高いデータは，「WEBスクレイピングデータ（33％）」が多く挙げられた。また，「POSデータ（17％）」，「位置情報データ（17％）」，「ニュースデータ（17％）」，「クレジットカードデータ（8％）」などを挙げる先も見られた。

図表2-8　最も利用頻度が高いオルタナティブデータの種類は？

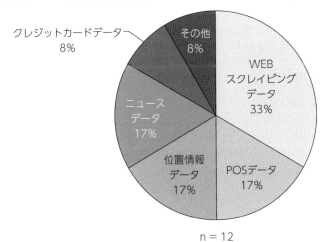

n = 12

(9) オルタナティブデータ専業の人員数

オルタナティブデータを専業で扱う人員の数について，購入者，データプロバイダー，データ受託者にそれぞれ質問した。

全体では「0人（29％）」が最多となり，続いて「1～2人（21％）」「3～5人（21％）」が並んだ。

図表2-9　オルタナティブデータ専業の人員は何人か？

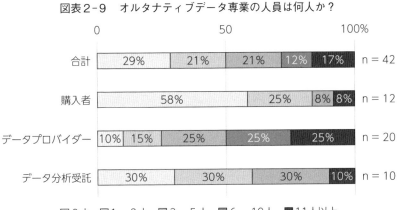

主体別の内訳では，購入者では「0人（58%）」，「1～2人（25%）」と，2人以下が8割以上を占めているのに対し，データプロバイダーやデータ分析受託では多くが専業の人員を有しており，二極化の傾向がみられた。オルタナティブデータを利用する立場にある購入者を中心に体制整備が進んでいない可能性がある。

⑽ オルタナティブデータの前処理

購入者を対象にオルタナティブデータをどのように前処理しているか質問したところ，「原データを購入し，自社で前処理（33%）」や「前処理済みのデータを購入（17%）」，「原データを購入し，他社に前処理を委託（8%）」との回答がなされた。最も多かった回答が「いずれの場合もある（42%）」であり，多くの回答者が，自社ないしは委託を通じて前処理を行っていることが示された。

どの部分に前処理を行っているかについては，「異常値・外れ値の削除（89%）」や「重複データの削除（89%）」，「テキストデータの数値への変換（78%）」が多く挙げられた。

図表2-10　オルタナティブデータの前処理

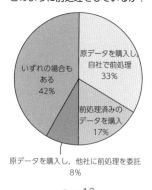

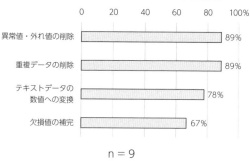

⑾ オルタナティブデータを用いた分析の社内共有方法

購入者に対して,オルタナティブデータを用いた分析結果の社内共有方法について質問した。

今回調査(2023年)「役員・経営層まで報告(75%)」が最も多く挙げられ,その他は「現場活用に留まる(17%)」,「当該部署や関連部署の責任者レベルまで共有(8%)」となった。

前回調査(2022年)と比較すると,「役員・経営層まで報告」の割合が上昇しており,オルタナティブデータやその分析結果がより高い階層まで共有されていることを示唆している。

図表2-11 オルタナティブデータやその分析結果の社内共有はどこまでしているか?

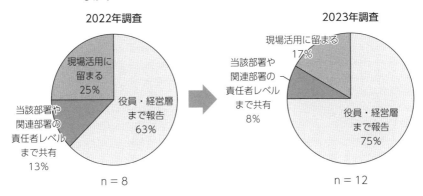

3．オルタナティブデータの売買と種類に関する情報

(1) オルタナティブデータを売買しているチャネル

　購入者とデータプロバイダーを対象に，オルタナティブデータを売買しているチャネルについて質問した。

　購入者・データプロバイダー共に「データ保有者との直接取引」が最多となった。購入者からは「ベンダーから購入」も多く挙げられた。一方，プラットフォームからの購入は購入者・データプロバイダー共に少数にとどまった。

図表3-1　オルタナティブデータをどのチャネルで売買しているか？

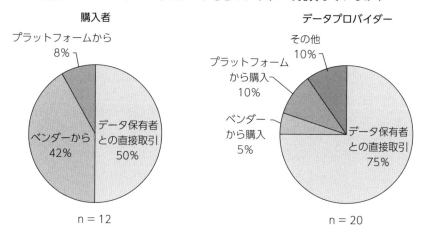

(2) 購入しているオルタナティブデータの対象地域

　購入者に対して，購入しているオルタナティブデータの対象地域を質問したところ，日本が最多（100％）となった。海外では，北米（42％），欧州（33％），中国（25％），日本と中国を除くアジア（25％）となった。

　海外については，経済規模の大きな地域を中心に，オルタナティブデータが購入されていると考えられる。

図表3-2　購入しているオルタナティブデータの地域はどこか？（複数選択可）

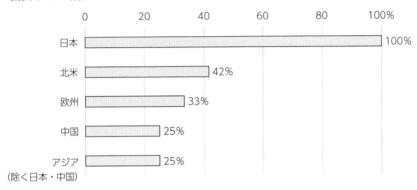

(3) 購入しているオルタナティブデータの対象セクター

購入者に対し，購入しているオルタナティブデータの対象セクターを集計したところ，一般消費財（64%）が最多となり，ヘルスケア（36%）や金融（36%），生活必需品（36%），不動産（36%）などの利用も多いことが示された。

図表3-3 購入しているオルタナティブデータの対象セクターは何ですか？（複数選択可）

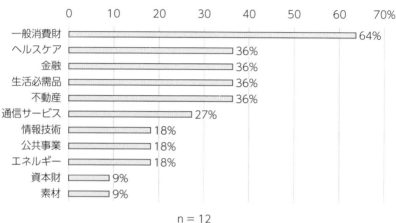

(4) 取り扱っているオルタナティブデータの種類

取り扱っているオルタナティブデータの種類について，購入者，データプロバイダー，データ分析受託にそれぞれ質問した。

全体では，「WEBスクレイピングデータ（38%）」「ニュースデータ（38%）」が最多となり，「位置情報データ（36%）」，「SNSデータ（29%）」，「POSデータ（29%）」も多く挙げられた。

主体別にみると，それぞれで取り扱うデータの種類は大きく異なっていることがわかった。

購入者では，「WEBスクレイピングデータ（75%）」，「位置情報データ（58%）」，「SNSデータ（50%）」が多く利用されている。データプロバイダーでは，「ニュースデータ（35%）」や「POSデータ（30%）」が多く利用されている。データ分析受託では，「位置情報データ（50%）」や「SNSデータ（50%）」が最多となり，「WEBスクレイピングデータ（40%）」「ニュースデータ（40%）」も挙げられた。

また，その他のデータとして，金融データや海運データ，特許関連データ，レセ

プトデータ，ESGデータが挙げられており，多様なオルタナティブデータが取扱われていることがわかった。

図表3-4　取り扱っているオルタナティブデータの種類は？（複数選択可，最大3つまで）

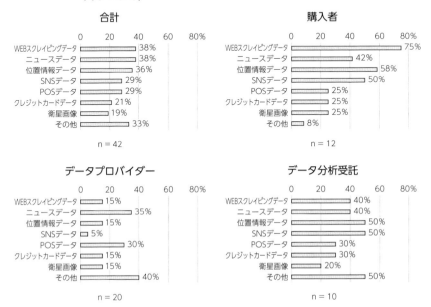

(5) オルタナティブデータの販売先

データプロバイダーを対象に，オルタナティブデータの販売先について質問した。最も多かったのは「資産運用業向け（80％）」で，「行政（15％）」や「官公庁（10％）」も挙げられた。

図表3-5 オルタナティブデータの販売先は？（複数選択可）

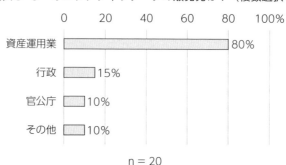

4．法規制と課題

(1) オルタナティブデータを利用するにあたって整備が必要な法規制（主体別）

オルタナティブデータを利用するにあたり整備が必要な法律を，購入者，データプロバイダー，データ分析受託に質問した。

全体では，「個人情報保護法（57％）」，「金融商品取引法（40％）」，「著作権法（38％）」が多く挙げられた。

各主体で上記の順位は大きく変わらなかったが，データプロバイダーやデータ分析受託は，特に個人情報保護法に関する整備が必要であると考えていることが示された。

図表4-1 オルタナティブデータを利用するにあたって整備が必要な法律は？（複数選択可）

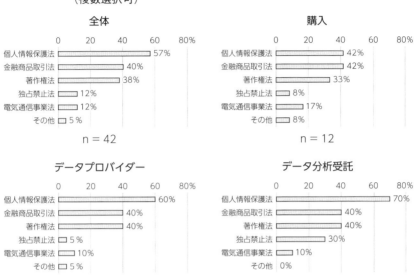

(2) オルタナティブデータを利用するにあたって整備が必要な法規制（取扱いデータ別）

購入者・データプロバイダー・データ分析受託を対象に，取り扱っているオルタナティブデータの種類と，オルタナティブデータの利用にあたって整備が必要な法律でクロス集計を行った。

個人情報保護法は，データの種類にかかわらず概ね整備が必要であるとの認識が共有されているようだ。対して，著作権法では，「POSデータ（67%）」や「衛星データ（50%）」，「ニュースデータ（50%）」の利用者で法整備が必要であるとの回答が高い一方，「WEBスクレイピングデータ（42%）」や「SNSデータ（42%）」，「位置情報データ（33%）」で低い割合の回答となっており，バラつきが大きくなっている。独占禁止法や電気通信事業法については，他の法律対比でいずれのデータも低い回答割合となっている。

172 付　録　オルタナティブデータFACTBOOK（2023年調査）

図表4-2　取り扱っているデータの種類別にみた整備が必要な法律

	個人情報保護法	著作権法	金融商品取引法	独占禁止法	電気通信事業法	n
POS	75%	67%	33%	25%	8%	12
クレジットカード	89%	44%	44%	11%	11%	9
位置情報	73%	33%	33%	13%	27%	15
衛星画像	88%	50%	38%	25%	0%	8
SNS	58%	42%	33%	17%	17%	12
WEBスクレイピング	58%	42%	33%	17%	17%	16
ニュース	63%	50%	50%	6%	0%	16

(3) オルタナティブデータを活用するにあたっての課題

　購入者・データプロバイダー・データ分析受託を対象に，オルタナティブデータを活用するにあたっての課題について質問した。全体では「データの利用コストが高い（52%）」，「データを取り扱う人員や組織がない（45%）」，「データの正確性・信頼性・継続性が担保されていない（38%）」，「法規制が整備されていない（29%）」が多く挙げられた。

　購入者では，「データの利用コストが高い（75%）」や「データの正確性・信頼性・継続性が担保されていない（50%）」が多く挙げられた。

　データプロバイダーでは，「データを取り扱う人員や組織がない（55%）」，「具体的な利用方法が分からな（50%）」が多く挙げられた。

　データ分析受託では，「データの利用コストが高い（80%）」が突出して多く挙げられ，「データを取り扱う人員や組織がない（40%）」，「データの正確性・信頼性・継続性が担保されていない（40%）」，「法規制が整備されていない（40%）」が並んだ。

図表4-3 オルタナティブデータを利用するにあたっての課題は？（複数選択可，最大3つまで）

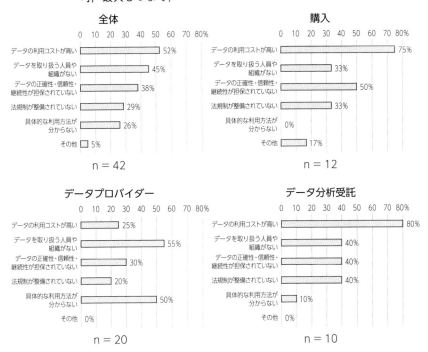

174 付 録 オルタナティブデータFACTBOOK（2023年調査）

また，自由記述形式の課題については下記のような意見が寄せられた。

購入者	オルタナティブデータを導入する際に，レギュレーション面での不透明さから，導入をためらうことがある
	オルタナティブデータを分析する時間が十分に取れない
	代表性の問題が大きいように感じられる
	データ利用の安全性への保証が無い
	費用対効果を経営層に説明することが難しい
	オルタナティブデータの量や品質の評価基準が定まっていないため，価格の妥当性が検討できない
	データサイエンティストの人材不足
	専任メンバーが置けない
	データの蓄積が十分でなく，統計の癖の把握や季節調整をかけることが難しい
	コストの上昇など，予算の問題で取り組めないことが多い
	オルタナティブデータの利用によって得られる成果が見えない段階で，多額のコストを負担することを説明しにくい
データプロバイダー	利用者の理解を深めるための活動を業界・企業によって行う必要がある
	データを取り扱う人員が不足している
	自然言語処理などの普及が必要である
	金融関連の業務に対応できる人員の不足
	日本の著作権法はデータベンダーにとって不利なため，データ販売のインセンティブを阻害している
	正確性担保が困難であり，法的リスクが不明確
	具体的な利用価値を顧客に説明するのが難しい
	ユーザー側で新しいデータへの知見が醸成されていない
	データの品質基準・第三者機関が無い
	新しいデータへの抵抗感や費用対効果
	データがセンシティブなもののため，公開範囲を限定する必要がある
データ分析受託	データの有用性を上手く示すことが難しく，新規のオルタナティブデータを購入する際に承認が得られにくい
	顧客にとって費用対効果が見えない，もしくは見合わないため，活用を断念されることがある
	実際のデータ活用までのリードタイムが長い
	成果物の権利関係で調整事項が多い
	位置情報の精度について，データの種類によって精度に差がある

費用対効果を出すのが大変で，検証段階でもなかなか開始できない
欲しいと思うデータおよび関連法が整備されていない
クエリの費用が高く，多くのデータを活用した分析が難しい
大学レベルのオルタナティブデータの取り扱いが日本では海外に比べて乏しく，エキスパートを輩出できていない
個人情報保護法の厳しさが障壁となっている

(4) 課題解決のために必要なこと

購入者に対して，課題解決のために必要なことについて質問した。

オルタナティブデータをめぐる課題を改善・解決するために必要なこととして，「自主ルールの策定（50%）」や「ユーザー（潜在的なユーザー含む）からのニーズ把握（50%）」，「海外などの先行事例からの学び（33%）」が挙げられた。一方，「政府への働きかけ（25%）」は，比較的低水準にとどまった。

図表4-4　課題を改善・解決するために何が必要だと考えるか？（複数選択可，最大3つまで）

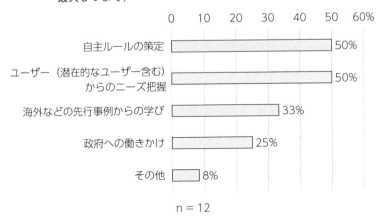

n = 12

5．オルタナティブデータのニーズと今後の見通し

(1) オルタナティブデータに対するニーズ

購入者に対して，「脱コロナ，経済正常化の動きが強まっている中で，オルタナティブデータに対するニーズ」の変化について，世間一般のニーズと自社のニーズの双方の観点で質問した。

「ニーズは低下していない」との回答は，世間一般が75％，自社が92％に達し，コロナ特需が剥落した後もオルタナティブデータに対するニーズは引き続き強いことが示された。ここでは，世間一般としての見方より，自社のビジネスや活動に直接紐づけられたニーズの方が，特に強いとの回答になっている点が特徴的だ。

自社におけるニーズが低下していない理由としては，「POSデータやWEBデータに強い需要があること」や「景況感の早期把握や分析手法の多様化に有用であること」「金融市場の予兆把握に有用であること」など，多彩なニーズが挙げられ，オルタナティブデータの活用分野がコロナ関連以外にも幅広く存在することが，改めて裏付けられた。

一方で，ニーズが低下している理由としては，「速報性の求められる分析のニーズが低下している」ことが挙げられた。

図表5-1　脱コロナ・経済活動正常化の中で，オルタナティブデータのニーズは低下しているか？

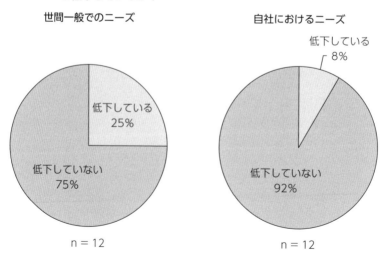

また，自由記述形式の「自社のニーズが低下していない／している理由」については，下記のような意見が寄せられた。

＜ニーズが低下していない理由＞

POSデータやWEBデータに需要がある
粒度の細かいデータに需要がある
金融市場の予兆把握に有用である
景況感の早期把握や分析手法の多様化に有用である
位置情報データ，衛星データの活用が金融や官公庁に浸透してきている
海外のヘッジファンドを中心に利用が増加している
オルタナティブデータに対する顧客問い合わせが増えている
人流データを活かした事業へのニーズが増えている
地図データと組み合わせた利用についてのニーズが増えている
資産運用業界や不動産業界での利用が増えている

＜ニーズが低下している理由＞

速報性が求められる分析のニーズが低下している
予算との兼ね合いでニーズが低下している
消費分野の把握などについてニーズが低下している

(2) オルタナティブデータの今後の見通し

　購入者・データプロバイダー・データ分析受託を対象に，今後（今年度含む向こう３年程度），オルタナティブデータ市場の見通しは拡大するか質問した。

　いずれの主体においても「拡大する」が回答の多数を占めており，今後のオルタナティブデータ市場の拡大が見込まれていることが示された。

図表５-２　今後（今年度含む向こう３年程度），オルタナティブデータの市場は拡大するか？

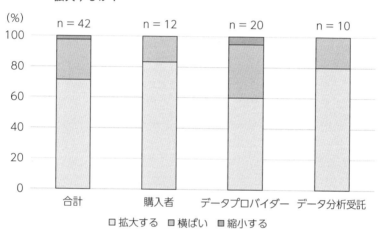

６．未利用者

(1) オルタナティブデータを利用していない理由

　オルタナティブデータの未利用者に対して，オルタナティブデータを利用していない理由を質問した。

　未利用者がオルタナティブデータを利用していない理由として，「データを取り扱う人員や組織がない（42％）」，「データの利用コストが高い（33％）」，「具体的な方法が分からない（25％）」，「データの正確性・信頼性・継続性が担保されていない（17％）」などが挙げられた。

図表6-1 オルタナティブデータを利用していない理由は？（複数選択可，最大3つまで）

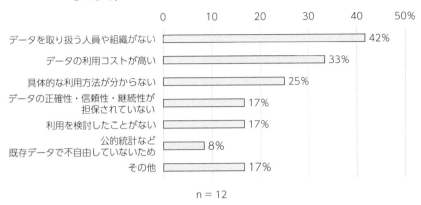

n = 12

また，自由記述形式では，オルタナティブデータを利用しない理由について，下記のような意見が寄せられた。

現在の分析業務で直接の必要が無い
まだ必要な人材を採用できていない
将来的には活用したいと考えているものの，具体的な計画は未定
クライアントからオルタナティブデータを活用する相談が無い
自分たちがやりたいことに対して，どのようなデータがあり，どのようなことができるのかイメージが湧かない
有効活用が期待できる具体的なオルタナティブデータの目途が立っていない
所有しているデータと組み合わせてどういったサービスが展開できるのか分からない
オルタナティブデータを必要とするプロジェクトがまだ組成できていない

(2) 今後のオルタナティブデータ利用方針

未利用者に対して，今後（今年度含む3年程度）のオルタナティブデータ利用方針を質問したところ，「利用を開始する（50％）」と「利用の予定はない（50％）」となり，半分ずつの割合となった。

図表6-2　今後（今年度含む3年程度）のオルタナティブデータ利用方針は？

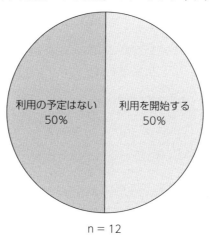

n = 12

7．まとめ

本稿では多様な質問を投げかけ，前年度調査に続き，国内のオルタナティブデータの活用状況を定量的に評価しようと試みた。結果的に何点か示唆が得られたので，下記に紹介する。

第一に，「コロナ禍によるオルタナティブデータ特需が剥落することによって，オルタナティブデータの需要が下火になる」という言説と反対の結果，すなわち，今後も需要が拡大していくとの見方が大勢であることが示された。「速報性の求められる分析のニーズが低下している」との意見も見られたものの，「景況感の早期把握や分析手法の多様化に有用である」「金融市場の予兆把握に有用である」といった回答が多く見られ，オルタナティブデータの強みが浸透しており，多くの企業において今後も強いニーズがあることが確認された。ここ数年でオルタナティブデータを取り扱いはじめたプレイヤーも多く存在し，今後3年間で市場が拡大するとした回答も半数以上を占めている。これらを総合すると，国内のオルタナティブ

データ市場は今後も拡大していくことが見込まれる。

　第二に，取り扱っているデータの多様性が挙げられる。購入者，データプロバイダー，データ分析受託といった主体の違いによって，オルタナティブデータを用いる意図や種類が異なっていることが示された。また，「WEBスクレイピングデータ」や「位置情報データ」，「POSデータ」といった従来のオルタナティブデータだけではなく，金融データや海運データなど，データの種類も多様になってきている様子もうかがわれた。個々のオルタナティブデータはそれぞれ異なる特徴を持っており，その活用方法も発展途上にある。オルタナティブデータの理解や活用方法が浸透していくことにより，各主体の目的に応じた知見が蓄積されていくことが期待される。

　第三に，オルタナティブデータの利用を拡大するためには，引き続き解決すべき種々の課題があることが明らかになった。今回のアンケートでは，「データの利用コストが高い」，「データを扱う人員や組織がない」，「データの正確性・信頼性・継続性が担保されない」，「法規制が整備されていない」などの課題が主に挙げられた。また，こうした課題の解決に向けては，政府への働きかけよりも，自主ルールの策定やユーザーのニーズ把握など，各主体が自主的に取り組んでいくことが必要との声も聞かれた。

　オルタナティブデータの利用コストについて，金額のみならず，「オルタナティブデータの利用によって得られる成果が見えない段階で多額のコストを負担することを説明しにくい」といった点も指摘された。オルタナティブデータの活用実績が蓄積し，その便益が広く明らかになれば，費用の割高感が解消される可能性がある。また，特に分析費用については，今後のオルタナティブデータ普及とともに逓減していくと考えられる。

　オルタナティブデータを扱う人員や組織がないという課題は，購入者・データプロバイダー・データ分析受託で共通の悩みのようだ。特に，購入者ではデータプロバイダーやデータ分析受託と比較して，オルタナティブデータに特化した人材が少なくなっている。分析を行うスキルが不足していることに加え，オルタナティブデータからどのような知見が得られるかがイメージできないといった潜在的な問題もある。データ分析スキル向上だけでなく，幅広くユースケースを共有する場が重要だと考えられる。

　データの正確性・信頼性・継続性が担保されないといった課題も多く指摘された。オルタナティブデータは主に民間企業の経済活動に付随する副産物であるため，社会状況を把握するために設計された公的統計と比べて，バイアスが多く含まれる傾向にある。したがって，オルタナティブデータにはバイアスがあることを認識した上で，バイアスを最小化するためにどのような処理を行うべきかというアプローチが必要だ。利用・研究を深めてバイアスを認識し，それをユーザー共通の知見とす

ることによって，中長期的にこうした課題は解決の方向に向かっていくだろう。

法規制が整備されていないという問題によって，オルタナティブデータに対して慎重になっている企業も散見された。データ活用と個人情報保護はトレードオフになりがちであり，多くの回答で個人情報保護法に留意し，今後の整備が必要だという回答が見られた。法整備の提言やガイドマップの策定などが必要になる。

幅広い主体に有用性が認められているオルタナティブデータだが，このように課題も少なくない。自主ルールの策定やユーザーからのニーズ把握を行うことで，オルタナティブデータを取り巻く課題を解決していくことが，さらなる普及のために必要になるだろう。その中ではオルタナティブデータの利用に関して先行事例の多い海外からの学びも有効であるものと考えられる。

先に述べたように，今後もオルタナティブデータの活用は進展していくと見込まれている。オルタナティブデータを活用するメリットは周知されつつあるが，種々の課題の解消に向けた取組みも同時に進めていかなければならない。

小池 理人（SOMPOインスティチュート・プラス株式会社　上級研究員）
菅沼 健司（SOMPOインスティテュート・プラス株式会社　上級研究員）

おわりに

　まず,最後まで本書を読んでいただいた皆様に感謝いたします。本書で述べてきたように,今後,資産運用の高度化において,オルタナティブデータの活用は必須といえます。本書が今後のオルタナティブデータ利活用の未来について考えるきっかけとなり,少しでも皆様のビジネスや活動のヒントになれば幸いです。

　世界におけるオルタナティブデータの市場規模は約7000億円を超えていると推計されていると本書冒頭で述べました。ところが,実のところ,日本においては,資産運用各社の意見を総合しても国内の需要は100億円に満たない規模と考えられ,世界全体の市場規模から言えば1％程度にとどまっています。日本の経済規模を考えればまだ活用が十分とは言えない状態といえるのではないでしょうか。それだけ今後の発展が見込めるともいえますが,私たちは日本ならではの要因があるとも考えており,その課題を解決すべく活動を続けています。

　最後になりましたが,私たちの考えるその要因と,それに対する取組みについて紹介させていただき,本書の締めくくりとさせていただきたいと思います。

　なぜ,日本でオルタナティブデータの活用が進まないのでしょうか。これまで多くの関係業界や各社の方々と意見交換をしてきましたが,大きく3つの課題があることがわかってきました。

　まず,第一にレギュレーション上の検討に課題があると考えられます。例えば,金融機関において運用担当者がオルタナティブデータの購入を検討しており,契約書のレビューを法務部門に依頼した,というケースを考えてみましょう。法務からは通常いくつもの質問が提起されます。プライバシー上問題はないのか？　コンプライアンス的に問題はないのか？　他の金融機関はどうして

いるのか？　インサイダーにはかからないのか？　そもそも取引先として問題はない会社なのか？　といった指摘がその代表例です。このような疑問を払拭するために，運用担当者は多大な労力をかけて解決を図ることになるのですが，そのために２〜３カ月も費やしてしまうことはよくある話です。その結果，そもそも購入しようとしていたデータがすでに陳腐化してしまって，購入すること自体をあきらめてしまいます。

　２つ目の課題として，データ分析人材の不足が挙げられます。データ分析人材はどの業界でも不足しているため，金融の知識もあるデータサイエンティストを探すことは困難を極めます。また，１人だけ採用したとしても，分析の実作業においては，データクレンジングと呼ばれる分析のための前処理に手間がかかり，分析そのものに打ち込む時間が削られてしまうことでしょう。

　３つ目の課題はコストが挙げられます。データを購入してどのぐらいの利益が見込めるのかを具体的に表すことが非常に難しいため，データ購入の稟議書を作成することができないとも言われています。結果として，研究開発費や新聞図書購入費用など，効果を求められない費目で購入することもあると聞きます。これでは思い切った投資に踏み切ることは不可能でしょう。

　こういった日本ならではの課題を把握し，解決するため，金融機関やデータプロバイダー，データ分析企業など多くの団体が協力して，業界全体の叡智を結集すべく「一般社団法人オルタナティブデータ推進協議会（JADAA）」を2021年２月５日に設立しました。

　協議会に参加している会員はすでにオルタナティブデータを活用している企業にとどまりません。むしろこれからデータの活用方法について検討を行っている部門や金融向けのビジネスを検討しているといった企業も多く入会しており，オルタナティブデータという新たな市場の成長に期待を寄せている企業が多いことがうかがえます。実際，設立当初，参加企業・団体は20団体だったところ，設立後３年半で約120団体へと規模が大きく拡大しており，関心の高まりは今後も続くように感じています。

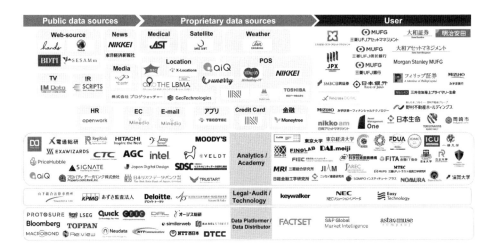

　協議会の中ではさまざまなデータの活用方法が検討されており，すでに複数のプロバイダーによって新しいサービスを開発し発表するケースも出てきています。本書でも紹介してきましたが，オルタナティブデータはトラディショナルデータも含めた複数のデータを合わせて検討することで，より一層の価値を生むことが可能であり，当協議会の会員の中でも実際にそうした活動が行われています。

　協議会に加盟される企業が持っている要望は一様ではありません。例えば金融機関から新しいデータやユースケースを知りたいといった要望を受ける一方で，データプロバイダーから金融業界におけるデータビジネスのニーズや慣習を知りたい，という要望を受けることもあります。事業会社から，既存ビジネスの過程で生成されるデータを活用して新しい価値を提供したいという要望を受けることもありました。

　このようにいろいろな立場の企業が一堂に会することで，データのセルサイドとバイサイドという図式だけでなく，複数のプロバイダーが共同で新しいビジネスを生み出す場として協議会は機能しています。設立当初は資産運用にデータを活用している金融機関と，すでに金融業界でビジネスを行っている

データプロバイダーだけでしたが，そこから徐々に他の業界でデータビジネスを行っているデータプロバイダーや，自社のデータを活用してビジネスに付加価値を付けたい製造業，不動産業界での活用事例を探している企業など，こちらが全く想像しなかったデータに関わる企業が多く参加するようになり，現在の多様な生態系が生まれています。

　加盟している企業が持つデータは非常に多岐にわたっており，これからさらに多くのデータが活用されていくと考えられると同時に，オルタナティブデータの用途もますます広がっていくと思われます。例えば不動産取引においても物件に関わる周辺環境などのさまざまな付加情報が取引の決め手になることも増えていくことでしょう。また，ESGの情報収集のためにも多くの社内外の情報がデータ化され，活用が進んでいくことが期待されています。

　本書で紹介してきたオルタナティブデータの利活用やその未来に期待されるところがあれば，ぜひJADAAの取組みについてご理解いただき，ご支援・ご協力をお願いしたいと思います。

一般社団法人オルタナティブデータ推進協議会　代表理事

東海林　正賢

【執筆者紹介】

東海林正賢 はじめに／第1章第1節
Jazzy Business Consulting株式会社　代表取締役

辻中　仁士 第1章第2節／第3節
株式会社ナウキャスト　代表取締役CEO

北山　朝也 第1章第4節
AlpacaTech株式会社　ソリューション事業部　部長

平瀬　錬司 第2章第1節
サステナブル・ラボ株式会社　代表取締役CEO

笠井　康則 第2章第2節
LSEG　データ＆アナリティクス プロダクト・マネジメント ディレクター

神田　裕樹 第2章第3節
三菱UFJ信託銀行株式会社　資産運用部 国内株式クオンツ運用グループ ファンドマネージャー

佐久間　誠 第2章第4節
株式会社ニッセイ基礎研究所　金融研究部 主任研究員

塩谷　航平 第2章第5節
株式会社hands　代表取締役CEO

大澤　陽樹 第3章第1節
オープンワーク株式会社　代表取締役社長

木村　友香 第3章第1節
オープンワーク株式会社　社長室

石川　洵哉 第3章第2節
アスタミューゼ株式会社　投資運用支援事業本部 本部長，投資助言責任者

金本　成生　　第4章第1節

株式会社スペースシフト　代表取締役

小林　樹杏　　第4章第2節

株式会社ブログウォッチャー　ADセールス事業部 ビジネスインキュベーションチーム

薄井　司　　第5章第1節

株式会社エム・データ　代表取締役社長

梅田　仁　　第5章第1節

株式会社エム・データ　ライフログ総合研究所（Life Log Lab.）　所長

渡辺健太郎　　第5章第2節

株式会社マイクロアド　代表取締役 社長執行役員

細川　敦　　第5章第3節

株式会社メディアクリエイト　代表取締役

吉開　朋弘　　第6章第1節

一般財団法人日本気象協会　事業戦略開発部　事業戦略開発課

鈴木　悠加　　第6章第2節

日本システム技術株式会社　未来共創Lab

保坂　豪　　第6章第3節

株式会社日本証券クリアリング機構　清算リスク管理部 総合リスク管理グループ統括課長

中村　卓雄　　PARTⅢ　総論／全体統括（PARTⅢ・付録（FACTBOOK））

三井住友トラスト・アセットマネジメント株式会社　DX推進部次長

山下　聖志　　第7章

山下総合法律事務所　弁護士

塚原　雅樹　　第7章

山下総合法律事務所　弁護士

若山　遼弥　　　第7章

山下総合法律事務所　弁護士

市橋　幸子　　　第8章

株式会社ナウキャスト　Economic Research Unit ビジネスデベロップメント

亀田　制作　　　付録（FACTBOOK）

SOMPOインスティチュート・プラス株式会社
プリンシパル兼エグゼクティブ・エコノミスト

小池　理人　　　付録（FACTBOOK）

SOMPOインスティチュート・プラス株式会社　上級研究員

菅沼　健司　　　付録（FACTBOOK）

SOMPOインスティチュート・プラス株式会社　上級研究員

桑原　哲也　　　全体統括（PART I・II）

三菱UFJ信託銀行株式会社　フロンティア事業開発部

【編者紹介】

一般社団法人オルタナティブデータ推進協議会

目的・沿革

　オルタナティブデータは，金融機関や投資家等が資産運用で利用してきた伝統的なデータ（財務データなど）とは異なる情報源から生成されるデータであり，テクノロジーの発展によって利用可能になったデータも対象となります。オルタナティブデータの活用によって，投資運用においては投資判断のスピードアップや投資戦略の差別化が期待されており，海外でのオルタナティブデータの市場規模は1,700億円（データ購入予算），データプロバイダー企業数は400社を超えています。

　一方，わが国ではオルタナティブデータの活用は，緒に就いたばかりであり，オルタナティブデータに関するレギュレーションの理解不足や不明確な部分の存在，金融・経済に関する知識とデータ分析スキルを兼ねそろえた人材の不足，コスト・ベネフィットの評価手法の未確立など，多くの課題が存在します。そこで，オルタナティブデータの活用における共通の課題について，衆知を集めて取り組むべく「一般社団法人オルタナティブデータ推進協議会」を設立するに至りました。協議会では，以下のVision（理念）およびMission Statement（行動指針）に基づき，オルタナティブデータの利活用促進に取り組んで参ります。

■Vision（理念）

　デジタル化に伴い新たなデータが生まれる時代における「オルタナティブデータ」活用の担い手として，関連する全ての当事者が交流・学ぶことができ，信頼されるデータの利活用が進む健全なエコシステムの創出を推進し，日本経済の持続的な成長に貢献する。

■Mission Statement（行動指針）

● 理解醸成

　調査や実証実験に基づくベストプラクティスの共有を通じて投資効果の見える化を促進するとともに，関連する全ての当事者が交流できる場の提供を通じてオルタナティブデータの利用に関する啓蒙活動推進の中核を担う

● 利活用促進

　「オルタナティブデータ」の取り扱いや流通に関する検討会の開催を通じ，デー

タ利用に関する共通認識・社会ルールの醸成を推進する

• 人材育成

「データ・エコシステム」を担う人材のスキルに関する定義や共通認識の醸成，および産業としての人材育成の枠組みを構築する

メンバー紹介

役職	氏名	所属企業/団体
代表理事	東海林 正賢	Jazzy Business Consulting株式会社
理事	石崎 浩二	三菱UFJ信託銀行株式会社
理事	松本 宗寿	三井住友トラスト・アセットマネジメント株式会社
理事	笠井 康則	LSEG
理事	北山 朝也	AlpacaTech株式会社
理事	冨家 友道	株式会社Deep Data Research
理事	山藤 敦史	株式会社JPX総研
理事	亀田 制作	SOMPOインスティチュート・プラス株式会社
監事	筏井 大祐	有限責任 あずさ監査法人

（2024年11月現在）

組織概要

法人名	一般社団法人オルタナティブデータ推進協議会
設立日	2021年2月5日
所在地	〒103-0025 東京都中央区日本橋茅場町1丁目8番1号
お問い合わせ	info@alternativedata.or.jp

オルタナティブデータ入門
―実践事例と法務のポイント

2024年12月30日　第1版第1刷発行
2025年 3 月30日　第1版第2刷発行

編　者　一 般 社 団 法 人
　　　　オルタナティブデータ推進協議会
発行者　山　本　　　継
発行所　㈱中 央 経 済 社
発売元　㈱中央経済グループ
　　　　パ ブ リ ッ シ ン グ

〒101-0051　東京都千代田区神田神保町1-35
電話　03 (3293) 3371(編集代表)
　　　03 (3293) 3381(営業代表)
https://www.chuokeizai.co.jp
印刷／東光整版印刷㈱
製本／㈲井上製本所

ⓒ 2024
Printed in Japan

＊頁の「欠落」や「順序違い」などがありましたらお取り替えいた
しますので発売元までご送付ください。(送料小社負担)
ISBN978-4-502-52111-9　C3034

JCOPY〈出版者著作権管理機構委託出版物〉本書を無断で複写複製 (コピー) することは,
著作権法上の例外を除き, 禁じられています。本書をコピーされる場合は事前に出版者著
作権管理機構 (JCOPY) の許諾を受けてください。
　JCOPY〈https://www.jcopy.or.jp　eメール：info@jcopy.or.jp〉